开口就能说动人

——领导必知的沟通艺术

韩伟华 余惠英 ◎编著

北京工业大学出版社

图书在版编目(CIP)数据

开口就能说动人：领导必知的沟通艺术 / 韩伟华，余惠英编著. —北京：北京工业大学出版社，2016.10

ISBN 978-7-5639-4882-6

Ⅰ.①开… Ⅱ.①韩… ②余… Ⅲ.①领导学—人际关系学 Ⅳ.①C933.2

中国版本图书馆 CIP 数据核字（2016）第 211107 号

开口就能说动人——领导必知的沟通艺术

编　　著：	韩伟华　余惠英
责任编辑：	付春怡
封面设计：	翼之扬设计
出版发行：	北京工业大学出版社
	（北京市朝阳区平乐园 100 号　邮编：100124）
	010-67391722（传真）　bgdcbs@sina.com
出 版 人：	郝　勇
经销单位：	全国各地新华书店
承印单位：	北京建泰印刷有限公司
开　　本：	787 毫米×1092 毫米　1/16
印　　张：	16.25
字　　数：	190 千字
版　　次：	2016 年 10 月第 1 版
印　　次：	2016 年 10 月第 1 次印刷
标准书号：	ISBN 978-7-5639-4882-6
定　　价：	30.00 元

版权所有　翻印必究

（如发现印装质量问题，请寄本社发行部调换　010-67391106）

前　言

成功的秘诀有很多，口才是重要因素之一。言为心声，语言是人类特有的用来表达意思、交流思想的工具，体现出人们不可或缺的成功智慧。

美国成功学大师戴尔·卡耐基说："掌握了说话的技巧，拥有了运用语言的巧妙才能，你便拥有了打开成功之门的钥匙。"

沟通是一种看似普通的行为。但是你千万不能小看这个普通的行为，它在生活和工作中至关重要。

每个领导者在工作之中都无时无刻不面临着机遇与挑战、困难与希望。作为领导，你如何说服与你的观点不一致的人？如何批评或赞美你的下属？当危机发生时，你该怎么迎接暴风骤雨？面对媒体，你需要具备什么样的发言技巧……

可见，口才对于领导者尤为重要。一位领导者要做好管理工作，需要具备好的口才，掌握各种沟通艺术。

本书以沟通为主题，详细介绍了针对不同场合、不同情况的沟通技巧，内容丰富，有针对性地为读者提出建议，即作为一个领导干部，在不

开口就能说动人
——领导必知的沟通艺术

同的场合该怎样拿捏好说话的分寸,把话说好、说全,说得恰当得体,相信会让读者的口才与见识上升到一个新的层次,与他人的交流更加顺畅,为其在精彩时刻锦上添花。

在这里我们需要强调的是,沟通离不开实践,领导者不妨把书中提到的沟通艺术灵活地运用到工作中去,真正掌握沟通的奥妙,并从中受益。

目　录

第一章　沟通基础：会说才会赢

用言行举止展现你的魅力 …………………………………… 003
用语言来提高自己的声望 …………………………………… 004
以言语为自己树立权威 ……………………………………… 005
练成好口才，功夫在平时 …………………………………… 007
善于向下属表达 ……………………………………………… 009
言谈举止六种"力" ………………………………………… 012

第二章　沟通原则：没有规矩，不成方圆

长话短说，以简驭繁 ………………………………………… 017
多观察，才能把话说到点子上 ……………………………… 018

开口就能说动人
——领导必知的沟通艺术

会听才会说 …………………………………………………… 020
表现真实的自我 ……………………………………………… 021
说话得体讲策略 ……………………………………………… 023
把握分寸，步步深入 ………………………………………… 025
少说少管，把机会让给下属 ………………………………… 027
少说话不等于沉默 …………………………………………… 029
对什么人说什么话 …………………………………………… 031
语言含蓄，为下属留面子 …………………………………… 034
话不能随随便便地说 ………………………………………… 036

第三章 赞美艺术：像阳光一样温暖他人

赞赏要有技巧 ………………………………………………… 041
善于发现下属身上的闪光点 ………………………………… 042
赞美要实事求是 ……………………………………………… 043
困境中的下属更需要赞美 …………………………………… 044
在众人面前不要对某一个人大加夸赞 ……………………… 046

第四章 批评艺术：良药治病不苦口

对不同的人使用不同的方法 ………………………………… 051
欲抑先扬，更容易让人接受 ………………………………… 053

目 录

用委婉的说法指出对方的错误 …………………… 055
用调侃的方式委婉地批评 …………………… 057
批评下属要注意场合 …………………… 058
在比较中说明问题 …………………… 060
批评与赞美双管齐下 …………………… 062
批评不要太直接 …………………… 064
批评过后要适时安抚 …………………… 066
有些批评不必把话挑明 …………………… 067

第五章 幽默艺术：给沟通披上漂亮的外衣

幽默使谈话氛围更融洽 …………………… 073
幽默虽好，但不能乱用 …………………… 074
谈吐幽默，让你更受欢迎 …………………… 076
幽默是智慧的产物 …………………… 077
幽默是化解敌意的良方 …………………… 079
言之有物才能打动人心 …………………… 080
张冠李戴，造成喜剧效果 …………………… 081
巧设悬念，引发好奇 …………………… 083
把握分寸不伤人 …………………… 085
望文生义幽默法 …………………… 086

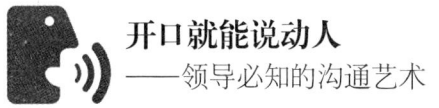

开口就能说动人
——领导必知的沟通艺术

第六章　激励艺术：给下属打一剂"强心针"

- 为下属树立明确的目标 …………………………………… 091
- 为员工鼓劲，也是为自己鼓劲 …………………………… 092
- 对下属的工作予以肯定 …………………………………… 093
- 利用好胜心激发下属超越自我 …………………………… 094
- 通过赞扬激励下属发奋工作 ……………………………… 096
- 巧用激将法 ………………………………………………… 097

第七章　安抚艺术：最大限度地照顾对方的情绪

- 安抚是领导者应尽的责任 ………………………………… 103
- 将心比心，真诚地说话 …………………………………… 104
- 根据对方的心理，给予最贴心的抚慰 …………………… 107
- 安慰时要注意措辞 ………………………………………… 109
- 安慰是深表同情，而非怜悯 ……………………………… 110
- 善意的谎言可减轻不幸者的痛苦 ………………………… 112

目 录

第八章 说服艺术：让下属心悦诚服

先了解，再说服 …………………………………… 117

采用有效的方法让人心服 ………………………… 119

引导对方接受你的观点 …………………………… 120

委婉地表达你的想法 ……………………………… 122

共同商量达成一致 ………………………………… 123

博取信任，让下属心悦诚服 ……………………… 125

适度地接受他人的意见 …………………………… 126

不要轻易说"你错了" …………………………… 128

说服要注意的几个要点 …………………………… 129

提出忠告更容易赢得信服 ………………………… 131

巧妙地挽留员工 …………………………………… 132

如何化解抗拒心理 ………………………………… 134

第九章 授权艺术：权力不是用来压人的

授权要简练、准确、可操作 ……………………… 139

以商量的口气下达命令 …………………………… 140

以理服人，而不是以权压人 ……………………… 142

树立权威，说话更有分量 ………………………… 145

第十章 应变艺术：随机应变，摆脱困境

控制现场以应对搅场 …… 149

控制场面，避免冷场 …… 151

言语失误，要巧妙地纠正 …… 152

面对责难，要灵活应对 …… 154

第十一章 调解艺术：调解纷争，化解矛盾

给下属树立"大家庭"的观念 …… 159

多说服，少争辩 …… 160

让冲突为成功沟通做铺垫 …… 161

善于倾听下属的抱怨 …… 163

发泄愤怒，缓和矛盾 …… 164

第十二章 谈判艺术：唇枪舌剑之间，掌控大局

良好的形象给对方以好感 …… 169

谈判要以双赢为基础 …… 171

和颜悦色，营造融洽气氛 …… 172

小小细节意义无穷 …………………………………… 174
用正确的提问方式掌握谈判的主动权 ……………… 175
掌握谈判中的语言策略 ……………………………… 177
突击与迂回结合起来 ………………………………… 178
灵活应对谈判对手 …………………………………… 180
进攻的同时还要注意防守 …………………………… 182
谈判桌上的"五忌" …………………………………… 184
遵守商务谈判的法则 ………………………………… 185
不要踏入谈判的误区 ………………………………… 187
有时沉默比雄辩更有力量 …………………………… 189

第十三章 媒体艺术：在公众面前彰显风采

掌握接受采访的语言技巧 …………………………… 195
灵活应对不同形式的采访 …………………………… 196
应对媒体要讲究策略 ………………………………… 198
巧妙地应对敏感问题 ………………………………… 199
从容应对记者提问 …………………………………… 200
有声与无声相结合 …………………………………… 202
该说则说，不该说的不说 …………………………… 203
面对突发采访保持镇定 ……………………………… 205

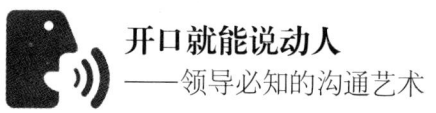

第十四章　演讲艺术：用语言抓住听众的心

打好腹稿，做到胸有成竹 ················· 209
一上台就抓住听众的心 ··················· 210
演讲的语言要简洁明了 ··················· 211
带着真挚的感情去演讲 ··················· 212
气氛热烈，听众的热情才会高涨 ··········· 214
让演讲的开场白富有吸引力 ··············· 215
随机应变，避免出现尴尬的局面 ··········· 216
形象化的语言更容易被理解 ··············· 218
只说自己正确，不说别人错误 ············· 220
消除恐惧，勇敢地讲话 ··················· 222
如何避免"卡壳" ························· 223

第十五章　交际艺术：聚集人气才是最重要的

说话要讲究一些 ························· 227
把话说到对方心坎里 ····················· 228
迎合对方的兴趣，调动其说话积极性 ······· 229
话语虽少却要暖人心 ····················· 232
让交际从闲谈开始 ······················· 234

目 录

用请教的态度和口吻提出问题 …………………………… 236
说话要简洁明快 …………………………………………… 238
秉持一颗至诚的心 ………………………………………… 239
使谈话留有余味 …………………………………………… 241
避免出现令人尴尬的局面 ………………………………… 243

第一章　沟通基础：会说才会赢

口才，即说话的能力，它是重要的人生资本和事业资本，是优秀领导必备的素质之一。无论是商海博弈、职场竞争还是处理人际关系，都离不开好口才。可以说，好的口才可以帮助一个人成就事业，甚至改变人生。

第一章 沟通基础：会说才会赢

用言行举止展现你的魅力

领导者要使自己说出来的话能够吸引人、说服人、教育人、激励人、影响人，就必须认真研究语言艺术，形成独特的语言风格，并由此展现独特的语言魅力。

领导要注意自己讲话的方式。领导在办公室里跟下属讲话，一般要保持亲切自然的态度，不能让下属过于紧张，以便更好地让下属领会自己的意思；在公开场合讲话，例如面对许多员工进行演讲或是做报告时，要威严有力，震慑人心。

不管在什么情况下，领导讲话都要做到一是一，二是二，坚定果断，切忌含糊不清。

跟下属交谈，即便下属是主动的一方，领导也不可唯唯诺诺，被对方左右。如果下属的意见与自己的意见相左，领导应该明确予以否定；如果意识到下属的意见确实对团队有利，领导也不要急于表态，可以说"让我考虑一下"或"容我们商量一下"结束谈话，这样一来，下属不但不会沾沾自喜，反而会更加谨慎，领导也可以从容思考，决定取舍，在无形中树

开口就能说动人
——领导必知的沟通艺术

立领导的权威。

领导要善于适当地表现自己的权威。在办公室里与下属相处,别人应该一眼就能瞧出,谁是下属,谁是领导。如果不能做到这一点,或许这位领导该在某些方面做出调整。

用语言来提高自己的声望

语言的影响力,就是指在与他人打交道的过程中,其中一方能够有效地影响或改变交谈对象的心理与行为,使其接受自己的观点。

20多年前,一个考察团去日本考察。考察结束后,考察团成员用剩下的几天时间观光购物。在回宾馆的大公交车上,他们和一群日本年轻人激烈地争吵起来。

两拨人虽然语言不通,但情绪都很激动。就在他们吵得不可开交时,一位日本老人走到那群日本年轻人面前,用很严厉的语气训斥了几句,年轻人立刻安静下来。考察团成员十分感谢这位老人,但是让他们想不明白的是:一位普通的老人怎么能用三言两语就将一群情绪激动的年轻人训斥得服服帖帖?难道他的话中藏有玄机?

翻译人员为大家揭了秘。其实,那位老者只说了这样一番话:"人家是客人,我们作为主人怎么可以如此无理!你们赶紧给我老老实实地坐好，别再造次！"听了翻译人员的话，考察团成员更加迷惑了：这三句话难道有什么不寻常的地方吗？

确实没有什么不寻常，只是老人教训年轻人的语气十分严厉，而且底气十足。在日本，人们十分尊重老人，也愿意遵循老人的教导。年长者靠着年龄赋予自己的社会地位，再加上和身份、环境相符的语言，才能声色俱厉地训斥一群素不相识的年轻人，使他们安静下来。试想一下，如果老人和颜悦色地讲道理，恐怕效果就会差很多。

这种强迫式语言的影响力，能起到立竿见影的效果。有一种影响力被称为"非权力影响力"，是指说话人依靠自己的个人素养，包括品行、声望等形成的一种影响力。对领导来说，拥有这种影响力也是很有必要的。

以言语为自己树立权威

领导的语言表达能力既与他的道德品质有相当密切的关系，又能体现出他的道德水平。领导的道德水平对下属和集体的影响十分深远。

领导者树立权威的过程就是立言立德的过程。要想真正做到以言语打动下属的心，领导就必须时刻注意自己的言谈举止，做到以下几点。

齐家治国必先修身

领导的思想品德、个人素质必须达到一定的水平，才能影响他人。提

开口就能说动人
—— 领导必知的沟通艺术

高修养是每一位领导者的必修课。孔子一生不懈地教化民众,要人们修身、齐家、治国、平天下,而在这句儒家经典名言之中,"修身"是第一位的。只有领导者提高自身修养,才能以德服人,以情感人,而素质低下、虚情假意的领导只能让团队分崩离析。

正人必先正己

领导者要加强自身道德修养,起到表率和模范的作用,要求下属做的,自己应该率先垂范;禁止别人做的,自己必须坚决不做。

领导的语言表达能力既与他的道德品质有相当密切的关系,又能体现出他的道德水平。领导的道德水平对下属和集体的影响十分深远。领导高尚的道德情操使得下属对领导更加信服,使团队更加团结。相反,领导低劣的道德水平会让下属心灰意懒,导致团队中不良作风蔓延、人心涣散。

说话要清晰,目标要明确

领导的语言要表达出一个清晰的目标,绝不能含糊其辞,指令不清。即使有时候你的表达方式含蓄隐讳,也尽量要给下属一个清晰的目标。这样才能令下属明白,更好地完成任务。

做领导也要学会察言观色

领导讲话在突出"领导权威"的同时,也要表现出对下属的关怀,两者融会贯通才能控制全局。领导必须把话说到位,把话说到下属的心坎里,要时刻冷静地分析局势,认清有利不利的各个方面。领导要善于换位思考,经常从下属的角度琢磨一下自己的话,这样才能很好地用语言表达自己的意思,控制全局。

第一章 沟通基础：会说才会赢

练成好口才，功夫在平时

好口才的养成是建立在善于思考、善于观察和具备丰富的知识的基础之上的。没有这些条件，光靠口齿伶俐，无法成为口才好的人。

很多人以为口才就只是嘴上功夫，所谓口才好的人，只是会说话，口齿伶俐。其实，这种看法是片面而肤浅的。

俗话说"巧妇难为无米之炊"，好口才的养成是建立在善于思考、善于观察和具备丰富的知识的基础之上的。没有这些条件，光靠口齿伶俐，无法成为口才好的人。

相传唐朝诗人王维隐居时，一日偶染微恙，到一家小药店买药，他看到卖药的是一位端庄秀丽的少女，便想趁机试试她的才气。

王维开口说："我买'宴罢客何为'。"

姑娘微笑一下，答道："宴罢酒酣客'当归'，请问贵客'当归'要多少？"

"且慢，我再买'黑夜不迷途'。"

"'熟地'黑夜不迷途，此药本店有的是。"

王维又说："三买'艳嫂牡丹妹'。"

开口就能说动人
——领导必知的沟通艺术

"牡丹妹'芍药'红,芍药今天方到。"

"四买'出征在万里'。"

"万里戎疆是'远志'。"

"五买'百年美貂裘'。"

"百年貂裘是'陈皮'。"

"六买'八月花吐蕊'。"

"秋花朵朵点'桂枝'。"

"七买'蝴蝶穿花飞'。"

"'香附'蝴蝶双双飞。"

"妙!答得妙!"王维连声喝彩。

王维为了测试卖药姑娘的才华,连出七句诗谜考她,姑娘都能对答如流,可见其不仅熟谙药物名称,而且才思敏捷,知识丰富,这都和她平时注重知识的积累有关,正所谓厚积薄发。

锻炼口才,功夫主要在平时。言语是在生活基础上才产生的,只有拥有丰富的生活体验、丰富的实践经验,谈话的内容才会变得丰富。

如果一个人不断锻炼自己,让自己成为一个善于思考、善于观察、遇事认真、朝气蓬勃的人,那么,他说话的水平就会明显提高。对于领导来说,也是如此。

下面有一些提高语言表达能力的方法:

通过看报纸、杂志等积累素材

看报纸、杂志的时候,可以顺手拿一支笔,把有趣的新闻或好文章摘录下来,甚至做成剪报。每天即使只摘录两三条,几个星期后,也会记下许多有趣的事,可以作为谈话的素材。

阅读名著,丰富词汇

"熟读唐诗三百首,不会作诗也会吟"的道理尽人皆知,所以说,要想提高说话的水平,就必须多读名著,多读书,才能有所积累。

"读书百遍,其义自见",通过大量地阅读,读者才能对书中的故事产生兴趣,才能对表达的深意心领神会。反复咀嚼名篇佳作的精彩段落,不仅会让人积累丰富的词汇,还能更好地理解和探索语言的精妙之处。这样日复一日,讲话时便可字字珠玑。这绝非天方夜谭,事实上,只要潜心苦读、持之以恒,就能提高语言表达能力。

经过这样的积累,在与人谈话的时候,我们很容易回想起过去学习的知识,一些有意义的话会很自然地从脑海中"跳"出来,或是用自己的话讲出来,就可以让语言的魅力发挥得更好,也更有利于我们和他人的沟通。

同时,在和别人交谈时,听到自己不知道的警句、谚语,要把这些话记在心里,日积月累,谈话的素材就会不断增多,说话时自然也就能做到妙语连珠。

善于向下属表达

领导的讲话能力,无论对展示其个人魅力,还是对推动工作、顺利完成任务,都起着至关重要的作用。而不善于讲话或讲话水平不高的人是不

开口就能说动人
——领导必知的沟通艺术

可能实现有效的领导的。

"震天下者必震之于声",对于领导来说,讲话就是向下属表达意图、传递政策、进行思想交流。领导讲话,关键在于能引起共鸣。领导讲话艺术欠佳,无法完成既定的目标与任务,轻者会被下属认为没水平,重者会失责、失职、犯错。

试想一下,如果你是一位领导,会让自己陷入如此尴尬的境地吗?

一群满怀期待的听众十分希望听你讲几句简单而有意义的话,你却张口结舌、磕磕绊绊、语无伦次;当需要当众发表慷慨激昂的就职演说时,却骤然间心脏怦怦直跳,头上直冒冷汗,手脚发软,脑子一片空白,什么话也说不出来,导致现场气氛尴尬到极点,到处都是失望的叹息,甚至还有人发出嘲笑声;当面对艰苦的谈判时,却怎么也找不到说服对方的关键点;当需要率领下属应对严峻的挑战时,却怎么也无法调动大家齐心协力;当深陷于纷繁的人际关系时,却难以把握住协调矛盾、赢取信任的良机……

如果这时你才发现自己完全没有说话的才能,完全没有好口才,你一定会深深地自责。对于领导者来说,这简直是致命的缺陷!

所以,领导的讲话能力,无论对展示其个人魅力,还是推动工作、顺利完成任务,都起着至关重要的作用。而不善于讲话或讲话水平不高的人是不可能实现有效的领导的。

领导要善于向下属表达意思、传达政策、与大家进行思想交流。领导说话最重要的一个目的,就是要引起共鸣,使下面的人听懂政策、听进道理,然后激发起大家的积极性和创造性,推进事业蓬勃发展。

第一章 沟通基础：会说才会赢

领导要经常公开露面，成为各种场合和各种活动中的焦点和中心，人们也希望能听听领导的意见和声音，看看领导的水平和表现。如果讲话艺术欠佳，语言水平不高，领导干部就会在听众面前丢面子、掉链子。一般人一两句话说得不妥，或说话跑题，可能无关紧要，但领导干部就不同了，轻者被听众认为没水平，重者会失责、失职，会产生严重影响，甚至犯错误。所以，领导的说话能力对于推动工作、展示个人魅力、顺利完成各项任务都有着非常重要的作用。在一定意义上说，离开了领导讲话，领导活动就无法开展。

公元前14世纪，商朝明君盘庚用生动质朴、雄辩有力的语言，说服了难离故土的民众，实现了迁都的主张；在现代，周恩来、陈毅在风云变幻的国际政治舞台上善于辞令，巧用口才，大大提高了新中国的国际地位和声望，长了中国人民的志气；国际金融家萨克斯说服美国总统罗斯福尽快研制、生产原子弹，为尽早结束第二次世界大战起到了重要的作用。

如今的时代，是一个开放进取、高速发展的信息时代，机遇与挑战并存，困难与希望同在。非凡的时代需要非凡的领导者，非凡的领导者又离不开非凡的口才。法国思想家蒙田曾说过："语言是一种工具，通过它，我们的意愿和思想才能得到交流，它是我们灵魂的解释者。"而"知识就是财富，口才就是资本"这个充满时代性的理念的提出，是人们对口才与语言作用的全新诠释。

开口就能说动人
——领导必知的沟通艺术

言谈举止六种"力"

言谈举止对于每个人都很重要。但作为领导,我们应该让自己的言谈举止更有魅力,要注意提高语言的六种"力"。

独到的创造力

在讲道理时,难免会重复说一些话,但重复多了又会有反作用。如果总是以一副"老面孔"示人,即便说的是正确的,也会让听众厌烦。领导讲话必须学会将道理讲出新意,才能引起听众的共鸣,让人乐于接受。

内在的吸引力

从外在形式上看,讲话生动就有吸引力,但是,语言内在的吸引力要求领导者能够通过讲话表达深刻的内涵。所以,领导讲话应尽量在内在美上下功夫。这就要求领导必须善于抓住群众的心理,尽量做到自己所说的正是群众想听的,从而增强内在的吸引力。

敏锐的洞察力

敏锐的洞察力要求说话的人能够一语中的,切中要害,透过现象看到本质,拨开枝节触及主干,一针见血,字字珠玑,讲到关键点上。

较强的说服力

领导讲话的目的就是借助语言的力量影响他人、指导他人。想要做到这一点,关键是讲话要有说服力。失去了说服力,讲话就失去了意义。

所以，领导要对群众关心的内容讲清楚，不拖泥带水；对群众不明白的内容讲明白，不含糊其辞；对群众有抵触、有反感的内容，要讲透彻，不牵强附会。

强大的号召力

优秀的领导者能通过一番话把群众的心凝聚起来，将群众的力量组织起来。而某些平庸的领导者，话讲了半天，纯粹是空洞的说教，别人根本听不进去，干脆不吃他那一套。领导者应在增强号召力上做些研究，要通过讲话起到激励与鼓动的作用，达到工作目的。

强烈的感染力

一次演讲，如果感染力强，效果就好；如果讲得平淡无奇，就像死水一潭。听到缺乏感染力的演讲，大家会指责演讲者没水平。作为领导，倘若自己的讲话感染不了听众，就会被人质疑自己的能力。所以优秀的领导必须研究听众的心理，把握现场的环境，从容应对不同的场面，利用那些具有感召效果的语言——或援引哲理，或认真评议，或热情激励，达到讲话的目的。要知道，平庸的领导者讲话就如同空洞的说教，毫无激情，更谈不上效果。

第二章 沟通原则：没有规矩，不成方圆

　　了解专业人士的理论、通晓大家之言是锻炼口才有效的途径。这一章将介绍重要的沟通原则与社交规律，帮助读者向好口才迈进一大步。

第二章　沟通原则：没有规矩，不成方圆

长话短说，以简驭繁

用最少的语言表达尽量多的内容，是演讲与说话的最高境界。

清代以画竹见长的画家郑板桥有诗云："冗繁削尽留清瘦。"意指画竹的至高境界应为去繁从简，这个道理在说话上同样适用。话语在精不在多，用最少的语言表达尽量多的内容，是演讲与说话的最高境界。

林肯的葛底斯堡讲话，被誉为美国历史上最优美的演讲词之一。这篇演讲词只有10句话，241个单词，用两分钟讲完，却成为演讲历史上的不朽之作。而当时的议员艾弗瑞特滔滔不绝地讲了两个小时，但他讲的内容根本没有人记得。美国历届总统的就职演说大多运用约三千个单词，而少的只有几百个单词，这些言简意赅的演讲，有很多成为经典之作，被后人广为传诵。

要做到说话简洁明快，首先必须长话短说，以简驭繁。老舍说过："简练就是话说得少，而意思包含得多。"如果话少，意思也少，算不得简洁。

毛泽东同志最善于长话短说。他用"夺取全国胜利，这只是万里长征走完了第一步"来比喻社会主义建设的任务艰巨而道路漫长；用"早上八

开口就能说动人
——领导必知的沟通艺术

九点钟的太阳"来赞美青少年朝气蓬勃,是祖国的希望;用"妇女能顶半边天"来肯定妇女在新中国建设中发挥的巨大作用。短短几个字或十几个字,却简洁明了,含义丰富,发人深省。

1981年,世界杯女子排球赛最后一场是中日之战,由于已经先赢两局,胜利就在眼前,姑娘们兴奋不已,导致第三、第四局打得毫无章法,输得稀里糊涂。这时必须想办法使女排姑娘们镇定下来,才能获得冠军。在第五局开始前短暂休息的时间里,主教练袁伟民说:"我们是中国人,你们代表的是中华民族,祖国人民在电视机前看着你们,要你们拼,要你们搏,要你们全胜!这场比赛拿不下来,你们要后悔一辈子!"姑娘们在这简短却掷地有声的话语激励下,努力拼搏,终于拿下了第五局,赢得了冠军的奖杯。

袁伟民的这几句话可谓言简意赅,效果立竿见影,可见简明扼要、切中要害的讲话具有多么神奇的力量。

多观察,才能把话说到点子上

领导在工作中要善于观察下属,考虑周全,在说话之前,不仅应该考虑到下属的特点,还应该对可能出现的问题进行思考与准备。

《礼记·中庸》说:"凡事预则立,不预则废。"这之中的"预"是指

第二章 沟通原则：没有规矩，不成方圆

事先洞察，做好准备。优秀的领导必须善于洞察先机，这不仅是管理之道，也是拥有口才的一种前提。要拥有好口才，洞察力是必不可少的。

法国一位侦探小说家善于观察，发表见解时往往一针见血。

有一天，他和一个朋友在大道上散步，突然，小说家吹起了口哨，并惊叹道："我的天啊，那位女士一定非常漂亮！"

"女士？"朋友很不解地问道，"我们眼前只有几个小伙子呀。哪有什么女士？"的确，朝他们两人迎面走来的只有几个年轻的男士，并没有什么女士。

"不，朋友，我说的是我们后面的那一个。"小说家得意地回答。他的朋友一回头，果然看见他们身后不远处有一位衣着入时、神采飞扬的漂亮女士。这让他的朋友很不解："你没有回头，怎么能看到身后的东西？"

"当然能！我虽然看不到她，但我却看到了对面那些男人们的眼神。"

这个故事虽然只是一件生活小事，却告诉我们：要想使见解独到深刻，必须要有过人的洞察力。那些机智敏锐、善于以语言揭露事情本质的语言大师，无一不是善于洞察先机的人。

作为一位领导，工作中要善于观察下属，考虑周全，在说话之前，不仅应该考虑到下属的特点，还应该对可能出现的问题进行思考与准备，否则会因为在说话中出现未能顾及的"临时状况"而造成上下级关系受影响，工作难以顺利进行。不体谅下属的感受，以领导的身份压人，要他人看自己脸色，这样的说话与行事作风绝非一位理智的领导应该有的，而最终的结果只能是丧失民心，领导权威受挫。

开口就能说动人
——领导必知的沟通艺术

会听才会说

能够安静、认真地听他人说话,其实是一件很不容易的事。耐心倾听他人说话,并不是被动的行为,而是要付出不少心力的主动行为,倾听者要具备足够的自制能力。

一个人每分钟大约能说 135 个字,但是思考的速度,至少要快四倍。换言之,在一定的时间里,对方只说了 100 个字,你却能听出 400 个字的内容。这样一来,人就有许多时间来胡思乱想,这就是问题的根本所在。

能让谈话顺利进行下去的,并不是那些只会说话的人,而是那些会说又会听的人。

对于善于倾听的人,几乎所有人都会将其视为知心朋友。因为无论是谁,都希望自己说话时有人细心聆听。而为什么懂得倾听的人比善于说话的人少呢?原因多半是大多数人都把重点放在研究说话技巧上,而不是怎么去聆听上。另一个原因是说话的确比倾听要简单得多。

能够安静、认真地听他人说话,其实是一件很不容易的事。耐心倾听他人说话,并不是被动的行为,而是要付出不少心力的主动行为,倾听者要具备足够的自制能力。

人与人之间的交往离不开沟通,而沟通的方式除了说话,还有倾听。

第二章 沟通原则：没有规矩，不成方圆

此外，认真听他人说话还是有责任心、有修养的表现。

有时候，听他人倾诉还能帮助自己解决难题，创造新想法，发现新方向。听得越多、越清楚，就越能深入地了解别人的所思所想，知晓更多的事情。

而想要真正地成为一个良好的聆听者，必须心甘情愿地静下心来，听别人说话——不是让他人的声音进入耳朵这么简单。在倾听过程中，必须主动克服一些不良的习惯，避免分心，认真地从对方的角度去体会对方的心，只有这样才能真正听懂对方的话，使沟通过程更顺畅。

表现真实的自我

想拥有好口才，关键是要敢于和乐于表现出真实的自我，不要怕暴露缺点和弱点，而是通过发现缺点和弱点，不断完善自我。

要想真正掌握口才艺术，必须保持积极的心态。虽然可以举出无数理论知识，但归根结底，说话是一门实践的学问，需要在实践中锻炼与提高。最重要的就是不能满脑子只想着面子，像"如果我说错了，大家该怎么笑话我"这样的想法只会让人失去勇气。放弃了实践的机会，就是放弃了提高的机会。

口才的磨炼要求领导不怕失败，勇于实践，只有如此，才能磨炼出真

开口就能说动人
—— 领导必知的沟通艺术

正的口才。

丘吉尔可以说是 20 世纪最伟大的政治家之一，但他在口才方面并没有什么过人的天赋，完全与普通人一样。他第一次在国会演讲之前，为了准备，一连几天写稿、背诵、对着镜子反复练习，生怕当众出丑。但到了演说那天，他担心的事情还是发生了，因为紧张，他的脑海里一片空白，结果尴尬极了。

从那以后，丘吉尔开始了对演讲能力的锻炼，但与众不同的是，他并非单纯地学习演讲技能，而是改变了心态，在心理方面做了充分的准备。他不再害怕失败，不怕出丑，不论在什么场合，他都敢于当众说出自己要说的话，于是，他很快就成为一位颇具感染力的演说家。

想拥有好口才，关键是要敢于和乐于表现出真实的自我，不要怕暴露缺点和弱点，而是通过发现缺点和弱点，不断完善自我。

在社会交往中，领导可能随时需要当众讲话，讲得好可以让人信服，体现领导力。那些说话水平高的人大多能够将各种愿望和意思恰到好处地表达出来。可见，说话水平对个人实现人生价值的作用是难以估量的。

有人说："人的思想犹如禁锢在笼子里的狮子，而笼子的钥匙就是语言，不将它释放出来，就无法发挥其王者的力量。"思想只有通过表达才能显现，口才只有通过多锻炼才能得到提升。唯有无所畏惧，才能如狮子一般发出振聋发聩的怒吼。

第二章 沟通原则：没有规矩，不成方圆

说话得体讲策略

在开口说话之前，一定要把握好自己的社会角色，根据现场氛围，想好"说什么话"和"怎么说"这两个问题，逐渐养成良好的语言习惯。

一般来说，策略的选择取决于交际的目的、情境和对象。

例如，表扬他人时要用明确的语言，可以增强语言的力量，从而激发被表扬者和听众的热情；而批评他人，则不宜过于直白，需要模糊一些，不能把话说死，要留有余地，做到对事不对人，强烈伤害他人自尊心的方式不仅起不到批评的作用，反而会适得其反。日常生活中，作为领导也常会遇到一些不便和盘托出的事情，这些事情通常可用模糊的语言进行表达。

说话要符合身份

人在说话的时候，总是以一定的社会角色，或是特定的身份地位出现在交际对象面前的。无可否认，每个人在每时每刻都有自己的社会身份。因此，一旦交谈开始，说话者的言谈举止其实都会被交谈对象评判，评判的第一标准就是得体与否。作为表达者，要做到表述得体，主要是明白自己的身份地位，综合自己的文化修养，考虑现场的客观状况与人们的主观要求，把这些结合在一起，再发表演说。要知道，人们之所以对西装革

开口就能说动人
—— 领导必知的沟通艺术

履、风度翩翩却满口粗话的人不屑一顾，就是因为觉得这种人缺乏教养。必须明确的是，言谈举止与衣着如果和身份不吻合的话，就会造成对方极大的心理落差，引发不满和否定情绪。

有一年，某地举行修辞学年会，会长在开场白中这样说："先让我这个老猴来耍一耍，然后你们中猴小猴耍。我老猴肯定耍不过你们，不过总要带个头吧。"代表们听后觉得很有意思，都笑着鼓掌。这是因为，首先，会长既是与会的最高权威，又年近古稀，把自己比作老猴，把其他与会者比作中猴小猴，不仅描绘出老中青三代共聚一堂切磋砥砺的学术气氛，而且妙趣横生。其次，在修辞学的年会上，会长故意用比喻这种修辞手法表示自谦，与主体身份和客观对象及具体场合都十分协调，因而取得了很好的效果。

但是假想一下，如果换一个中年人，即使他是会长，若他说出"我是个中猴，先让我来耍一耍，然后请老猴和小猴耍"，就显得很不得体。因为听的人必定觉得把德高望重的老先生称作老猴是大不敬，以他的身份不能这样打比方。

所以，在开口说话之前，一定要把握好自己的社会角色，注意现场氛围，想好"说什么话"和"怎么说"这两个问题，逐渐养成良好的语言习惯。

讲话要适合聆听的对象

这一条很简单，就是提醒讲话者必须注意聆听者的性格特点、心理特征及特有的人际关系。

第二章　沟通原则：没有规矩，不成方圆

说话要适应语境

说话必须适应特定的交际环境。说话的人所选择的语言材料和内容的表达手段及对话语结构的安排，都要做到切合特定的背景和环境，结合时间、地点、场合等因素，才能真切体会说什么话，怎么说，才能把话说好，说得动听。

把握分寸，步步深入

一个人若想取得成功，就必须掌握说话的分寸和为人处世的技巧，这样做起事来才能得心应手，顺利地实现自己希望达到的目标。

毫无疑问，言语可以在某种程度上反映出一位领导者的秉性、素质与修养。领导说话的分寸拿捏得好，就能给周围的人以三思而后行、深思熟虑的感觉。

善于把握分寸，才好办事。

一个人若想取得成功，就必须掌握说话的分寸和为人处世的技巧，这样做起事来才能得心应手，顺利地实现自己希望达到的目标。

美国斯坦福大学社会心理学家弗利特曼和弗利哲两位教授，曾对学校附近的一些家庭主妇做了一个有趣的实验，调查在求人办事时怎样才能将

开口就能说动人
——领导必知的沟通艺术

分寸把握得恰到好处。

他们的第一个电话打给了彼得太太:"这儿是加州消费者联谊会,为具体了解消费者的情况,我们想请教几个关于家庭用品的问题。""好吧,请问吧!"彼得太太回答。

于是他们提出了几个诸如府上使用哪一种肥皂等简单问题。当然,这样的电话,他们还打给了许多人。过了几天,他们又打电话过去:"对不起,又打扰你了。现在,为了扩大调查,这两天我们将有五六位调查员到府上当面请教,希望你多多支持这件事。"

这本来是件容易被拒绝的事儿,但最后有不少人都同意了。这是什么原因呢?因为有了第一个电话做铺垫。相反地,那些没有接第一个电话,而直接在电话中接到拜访请求的用户,却大多表示拒绝。最后,两位教授用百分比得出结论:前一种人中答应他们的要求的占52.8%,后一种人中只有22.2%的人答应他们的要求。

由此可见,对人有所请托,应由小到大、由浅及深、由轻到重,如果一开始就提出太大的请求,一定会遭受对方断然拒绝。应该拿捏好分寸,不能太急,让别人一步一步地接受你的说法,最后答应帮你办事。

言之有度的反面则是失当。何为失当?对人出言不逊,当众揭人短处,还有该说的不说,不该说的说个不停,这些都是言语失当的表现。

那么领导应怎样避免说话失当呢?

远离他人隐私

谈话中的敏感话题首先就是涉及别人隐私的话题,这些话题不可轻易谈起。在隐私观念日益受到重视的今天,年龄、价钱、薪酬等问题都属于隐私的范畴。不加限制地和他人讨论这些话题，很容易引起他人的反感。

争议性话题尽量避免

在谈话中，除非很清楚对方的立场，否则应避免谈到具有争议性的敏感话题，尤其是宗教、政治等易引起对立或僵持、会造成冷场的话题。过多以这些话题作为谈资发表自己的看法，很容易在无形之中引起他人不悦。

他人的不幸莫追问

除非对方主动提起，否则不要和谈话对象提起对方遭受的伤害。无论是过问别人的婚姻问题还是亲人去世的情况，都非常容易引起别人的反感。尤其忌讳为了自己的好奇心而不断追问，这样只会激起对方的愤怒与反感，让气氛变得尴尬。

少说少管，把机会让给下属

团队的领导者们应该拿捏好说话的尺度和分寸，管好自己的嘴与手，在小事上尽量少发言或者不发言。成功的领导者应该学会放手，学会少发言。

作为企业的领导者，在小事上应该少说话、少插手，适当控制自己发表演说和多管"闲事"的欲望，给予下属更多的参与机会和自由发挥空间。

在森林里，住着一只见多识广、在动物中颇有地位的狐狸。这只狐狸

开口就能说动人
——领导必知的沟通艺术

常以专家自居,喜欢夸夸其谈。

有一天狐狸外出时,遇到一只从森林外走来的小花猫。交谈时,小花猫很仰慕狐狸的才华,虚心向狐狸请教。

小花猫问道:"尊敬的狐狸先生,最近生活中困难不少,您是怎么度过的?"

狐狸说:"什么?你这只可怜的猫,每天只会捉老鼠,你有什么资格问我如何生活?真不识抬举!你学过什么本领?说来听听。"

小花猫很谦虚地说:"我只学会一种本事。"

"什么本事?"

"就是如果有只猎狗向我扑来,我会跳到树上逃生。"

"唉,这算什么本领?我可是精读百科全书,掌握十八般武艺,我还有锦囊妙计呢!你太可怜了!让我教你逃脱猎狗追逐的绝招吧!"

恰巧这时一群猎人带了四只猎狗迎面跑过来。小花猫敏捷地纵身跳上一棵树,躲藏在茂密的树叶中。小花猫大声向惊慌得不知所措的狐狸说:"狐狸先生,赶快拿出锦囊妙计来!"

话还没说完,四只猎狗已扑向狐狸,将它抓住了。

小花猫叹息道:"唉,狐狸先生,你知道十八般武艺,却不会使一招半式。如果像我一样懂得爬树,你就不会落到这种凄凉的下场了!"

这则寓言警示我们,做任何事都需要真才实学与实践能力,一味地以自己的方式指挥和约束别人并非明智的做法。

在过去,传统的管理模式是管理者集各种大权于一身,事事亲力亲为,小心处理,不论大事小事都是领导一个人说了算,这种管理模式费时

第二章 沟通原则：没有规矩，不成方圆

费力，员工唯一的任务就是服从领导的指示，上面传达了任务，员工照着做就可以了，不必发挥自己的创新能力和才干，也不用对结果负责。

而现在，先进的企业更看重团队合作，以往那种以个人权力为中心，等级森严、层层压制的管理方式已经不再适应市场需求和时代变迁了。可以这么说，上下级的角色正在发生改变，企业中级别的内涵和关系越来越模糊。在团队中，领导开始不再过分地强调自己的特权，而是强调让员工进行"自我承诺"，从而来共同实现工作目标。也就是说，管理者已经不单纯的是"集权者"或发号施令的人，他们的角色正逐渐向推动者、策划者等方向转变。

团队的领导者应该拿捏好说话的尺度和分寸，管好自己的嘴与手，在小事上尽量少发言或者不发言。成功的领导者应该学会放手，学会少发言。必要的讲话和叮嘱当然不可或缺，然而面对一些工作中的小事应该知道放手。给别人自由，就是给自己自由；给别人减压，就是给自己减压。这其中的度在哪里，言语中的界限和平衡点在哪里，都需要领导自己去思考把握。

少说话不等于沉默

说话水平是对思维方式、认识高度、知识底蕴等方面的综合体现。想知道一个人的水平高低、学识深浅，只要和他说说话、谈谈心，立刻就能心中有数。

开口就能说动人
——领导必知的沟通艺术

有些人因为话少,往往容易被一般人认为是没有主见的"老好人",其实这是一种误解。在生活之中,确实有一种没有主见的"老好人",这类人在工作与生活中遇到问题往往没有特别好的见解与方法,所以他们容易被人们忽略。

但是也有另外一种情况,在大家七嘴八舌、热烈地议论某事时,有人不急着说话,是因为觉得自己还没有最好的"说法",所以不发言。很多场合下,争着发言的人所说的都是一知半解,常常是说了一大堆等于没说,最后把自己说累了,才不再发言。有人在争着发言时,显得有点勉强,可他还是要抢着说,认为这样才能显示自己的能力。

不过也好,这些先说话的人往往会给"不说话"的人以启发,使其思路不断地明确和完善,等到发言时,说出的话大多能够一锤定音。"不说话"的时刻,其实正是深入思考、整理意见的过程,是形成自己思路的过程。

还有一种情况是只有两个人说话时,一个人的话比较少,这时往往他在聆听。当对方在介绍什么事或倾诉什么事时,当长者或上级领导在做安排或指导时,安静地听和少说话就是理解与尊重。聆听中以适当的身体语言和简洁的词语来应答或回复,这样的人往往是对对方的意图理解最透彻的人。相反,那些在别人说话时不断插话或询问不休的人,往往是理解出现偏差的人。

说多少话,是一种选择,也是一个人的能力与修养的表现。说话水平是对思维方式、认识高度、知识底蕴等方面的综合体现。想知道一个人的水平高低、学识深浅,只要和他说说话、谈谈心,立刻就能心中有数。而沉默寡言者中也有相当一部分人是具有主见的人。

作为领导者,一定要拿捏好沉默与说话的界限,该说的话一定要说,同时也要谨记,不要随便乱说话,这也是一种修养。

对什么人说什么话

古人云:"莫对失意人,而谈得意事。"这句话告诫人们要看清对象再说话。

领导想要做到讲话得体、不失风范其实并不困难,只要注意以下两个方面就可以了。

首先,讲话必须注意对象。

尽管说的是同一句话,但不同的对象会产生不同的反应,甚至导致截然相反的结果。在人际交往中,作为领导,会接触各种不同职业、不同层次与不同性格的人,对每个人都应保持尊重。

作为领导,对男性和女性说话要有所区别,有些可以对男性说的话,未必可以对女性说。由于性别和心理差异,男性和女性在语言反应上存在着巨大的差别,而两者对语言的承受能力也不尽相同。所以交谈时必须特别注意。

作为领导,要注意对不同年龄的人说话要有区别。不同年龄的人,经

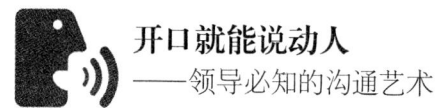

开口就能说动人
——领导必知的沟通艺术

历不同,心态各异。对健康的中青年人提及死亡,对方不会产生什么联想与反感,但同样的话若是对老年人说肯定是不妥当的,会让对方感到很不愉快,甚至造成心灵的伤害。

作为领导,要注意对不同文化程度的人说话要有区别。社交场合会遇到形形色色的人,他们的文化程度也不尽相同。文化水平较低一些的人不习惯长篇大论和书面语,跟他们讲话,应该爽快利落,尽量使用好懂的口语,如果非要用特别典雅的词句,就难以完成沟通和交流。相对而言,那些文化层次较高的人,一般喜欢听委婉的话,不爱听直接或不客气的话,所以讲话时必须注意自己的态度和措辞。

作为领导,要注意对不同民族的人说话要有区别。语言和文化互相依存,语言和文化也往往是一个民族特质的体现,因而可以从语言窥探不同民族在文化上的差异。人们对某种语言的理解,往往是以使用这种语言的民族文化背景为依据,而不同民族文化的差异,则会导致人们对同一句话的反应大相径庭。

俗话说"看人说话,量体裁衣",就是这个道理。讲话的目的就是交流感情、增进理解,所以更需要针对不同的讲话对象,决定表达感情的方式。

其次,身为领导,在注意说话得体的同时,也要注意说话的策略性。

"兵无常势,水无常形",其实讲话也没有固定的方法。同样的一个主题,此时此地,这样对他人说,效果可以很好;如果时间、地点发生了变化,仍旧这样对他人说,效果就不一定好。因此,聪明的领导知道如何制订说话的策略,从实际情况出发,讲好该讲的话。

讲话最主要的策略涉及如下五个方面:

第二章 沟通原则:没有规矩,不成方圆

第一,关于明确与模糊。

明确这个概念是相对于模糊而言的。在人际交往中,有一些特定情况可以使用含义模糊的语言,但在更多时候,确实需要人们使用语义明确的词语。那么,究竟何时用含义模糊的语言,何时用语义明确的语言,这就是语言表达的策略问题。一般来说,语言的使用取决于谈话的目的、情境和对象。把握好了这三点,自然就会知道怎样用语言进行交流。

第二,关于直言与含蓄。

有些人性格豪爽,这种人十分爽快,不喜掩饰,所以与人相处时也很大方,不会心怀鬼胎。有些人性格比较内向,说话委婉含蓄,一般都留有余地,比较注意措辞的艺术,这样的人与人相处时高雅温和,也很讨人喜欢。总而言之,以上两种人各有所长,而面对不同的人究竟要选择怎样的说话模式?必须讲策略。

直言不讳虽然爽朗,但容易伤害他人的自尊,也容易得罪人。通常来讲,除了十分亲密的朋友外,大多数人不喜欢直言不讳的说话方式,尤其是对刚刚见面的陌生人,更要保持交际礼仪,可以委婉地说"恕我直言",然后展开话题。总之,含蓄的表达其实隐含着尊重别人的意思。委婉的话相对来说更加礼貌得体,比较有弹性和余地,让人听了轻松自在,愉快舒畅。

第三,关于简洁与啰唆。

毫无疑问,简洁的语言可以增加语言的魅力,对语言的提炼其实是逻辑思维能力的一种表现。正如莎士比亚所说:"简洁是智慧的灵魂,冗长是肤浅的藻饰。"语言简洁也能表现一个人的性格,果断、自信心强的人说话绝不会拖泥带水,而是斩钉截铁。但是领导者也要注意,说话做到简

开口就能说动人
——领导必知的沟通艺术

洁很有必要,但简洁不是简单,要言不烦,要能够一语中的,简洁的话语比长篇大论更有效。当然,做到简洁不是一件容易的事。

第四,欲扬先抑。

欲扬先抑的目的在于以言外之意间接表达出自己真正的想法,这种说话方式的巧妙之处在于发言者可以回避正面的冲突与问题,在保持缄默的同时巧设迷思,促使对方主动连续发问,而自己能够在对方的发问之中得到间接的回答,帮助自己思索,从而解决最终的问题。领导在进行讲话、谈判或者与其他人交涉时,先说与后说、说话与沉默在表达语意和效果上是有很大差别的,因此领导在讲话前必须深思熟虑。

第五,关于先说与后说。

先说后说看似是顺序问题,其实两者在表达语意和效果上有极大的差别,所以必须认真考虑说话的顺序。某件事先说还是后说,可以体现出领导者的思维模式和他想表达的思想观点及其内在逻辑。

语言含蓄,为下属留面子

大千世界是纷繁复杂的,人们总会遇到一些不便直接说出自己观点或事情的场合,因此,要学会运用含蓄表达心意的语言技巧。

当不能肯定自己的某些要求和意愿是否合理、别人是否支持时,借

第二章 沟通原则：没有规矩，不成方圆

助含蓄语言可以帮助你维持风度，避免尴尬，在话语交谈之中取得成功。

查尔斯·史考勃有一次经过他的钢铁厂，当时正是午休时间，他看到几个工人正在抽烟，而在他们头上，一块大招牌上面清清楚楚地写着"严禁吸烟"。史考勃没有指着"严禁吸烟"的牌子大声呵斥，而是朝那些人走过去，友好地递给他们几根雪茄，对他们说："诸位，如果你们能到外面去吸这些雪茄，我真是感激不尽。"大家一听，马上意识到是自己违反了厂里的规定，于是都将烟头熄灭了。史考勃的批评是含蓄地表达出来的，而且充满了人情味，因此，这样的批评使工人们愿意接受。

大千世界是纷繁复杂的，所以人们总会遇到一些不便直接说出自己观点或事情的场合，这就要求说话的人必须掌握含蓄表达心意的语言技巧。

中国人尤其重视"面子"问题，领导在与下属沟通交流时也要注意这一点，尤其是在批评与否定他人时。直接的批评往往不是最明智的做法，不给他人面子，也伤害了别人的自尊；相反地，运用含蓄的语言进行委婉的批评，既给被批评者留了余地，又能用间接的话语起警示作用，也给予下属冷静思考、自我完善的机会。尤其是对性格内向、自尊心强的员工，或是那些工作中偶有疏忽就敏感多疑的人，领导含蓄地表示批评的意思，就能达到谈话的目的。

开口就能说动人
——领导必知的沟通艺术

话不能随随便便地说

说话是一种艺术,需要用一定的技巧去表现。一个人会说话,首先得会倾听,不会倾听的人肯定也不会说话。

在工作和生活中,我们必须充分利用语言作为交际工具来说服他人,促成工作顺利进行。作为领导,不妨从以下几个方面审视一下自己,总结一下谈话中都应该注意哪些事项。

会说话,首先要会倾听

说话是一种艺术,需要用一定的技巧去表现。一个人要会说话,首先得会倾听。发表意见的前提是要听清对方的话,考虑对方的心意,做到坦白直率,细心谨慎。这些都要求在说话之前先弄明白别人的意思,把握别人的想法。

要说话,先动情

白居易说:"动人之心者莫先于情。"一个人如果感情不真切,是逃不过听众的耳朵的,更不能打动听众的心。

1858年,美国著名政治家林肯在一次竞选辩论中说:"你能在所有的时候欺瞒某些人,也能在某些时候欺瞒所有的人,但不能在所有的时候欺瞒所有的人。"这句著名的政治格言成了林肯的座右铭。第二次世界大战

第二章 沟通原则：没有规矩，不成方圆

期间，年近 70 岁的英国首相丘吉尔在对秘书口授反法西斯战争动员的演讲稿时，泪流满面哭得像个孩子一样。他的这次演讲动人心魄，极大地鼓舞了英国人民反法西斯的斗志。

不要把"我"挂在嘴边

亨利·福特曾说："无聊的人是把拳头往自己嘴里塞，也是'我'字的专卖者。"

如果一个人在说话时，不考虑倾听者的情绪和感受，只是一个劲儿地说自己怎样怎样，这样必然会引起对方的反感。其实，谈话就如同驾驶汽车一样，开车必须随时注意交通标志，说话则必须随时注意倾听者的态度与反应。一味地以自我为中心，必然会招致他人的反感。

不要随意打断别人

别人谈话时有打岔习惯的人最容易惹人厌烦，这是缺乏礼貌的表现。没有什么比打断别人说话更让人难以忍受。比如，在别人讲话时不要打岔，不要提出不相干的意见来打岔，更不要用鸡毛蒜皮的小事来打岔。总而言之，尽量不要打断别人的话。除非某个人的讲话成了"懒婆娘的裹脚布——又臭又长"，把时间拖得太久，或者讲话者口出狂言、旁若无人时，打岔才有必要。

不要让他人感到不安

在日常交往中，我们必须注意，不要企图窥视和揭露他人的隐私，更不要去攻击别人，这不仅是谈话交流，更是与人交往的基本准则。谈话时首先要做到尊重对方，其次才能说到诚恳，乃至设身处地替他人着想。而且谈话时必须掌握好分寸，避免说可能伤害别人的话语。即使对方确实有缺点，也不能抓住不放，抱怨个不停。恰当的做法是适可而止地

委婉批评。

总之，不论谈话的主题是什么，只要做到尊重别人，就能得到友善的回应。

不要小看视线的力量

谈话时忽略他人，就如同宴会时赶走客人一样荒唐。讲话的一个要点就是千万不要遗漏任何人，让你的双眼环视着周围每一个人，形成短暂的对视，注意他们的面部表情和对你谈话的反应。要想使所有人觉得你的谈话充满热情，洋溢着自信，就不要把人晾在那里。

第三章　赞美艺术：像阳光一样温暖他人

美国著名企业家玫琳·凯说："对于下属，最强有力的肯定方式，是不需要花钱的，那就是赞美。"

赞美可以改变一个人，可以有效地激励他人，赞美是催人向上的动力。

赞美就像阳光一样，让人感到温暖。但是我们大多数的人，忙于应对别人的冷言冷语，自己却吝啬把赞美给予别人。

第三章 赞美艺术：像阳光一样温暖他人

赞赏要有技巧

朋友的赞美可以使相互之间的关系更亲密；同事的赞美可以使相互之间的关系更和谐；对下属进行赞美，可以使上下级关系更融洽。

赞赏是一门艺术，同时也需要技巧。赞美的技巧包括：

明确赞赏的具体行为

赞赏的目的不明，会使人对你的赞赏不理解，不知道领导夸奖的到底是什么。含糊其辞的赞赏反而会引起误解，还可能会被认为是花言巧语。

赞美要真诚

赞赏必须真诚，必须发自内心，说的是肺腑之言。只有真诚的赞赏才会被接受和理解。虚情假意、应付式的赞赏很容易被人识破。赞赏只有两种结果：一种是被肯定，被接受；另一种是被否定，甚至会被认为是虚伪的。

赞美后面不要接"但是"

赞赏后面不要直接跟"但是"，赞赏后接着批评，就表示前面的赞赏不是真心的，而是为批评而刻意设置的。就算领导者的意图是这样，也要

用更高明的方式体现。

语言要自然流畅

赞赏语言不自然、不流畅,会让人觉得并非出自真心,不是内心的真实想法,而是随意应付的产物。

赞赏用语要适当

赞扬不可言过其实,要在实事求是的基础上进行表示,否则会被误解为别有用心。这一点领导尤其要注意。

善于发现下属身上的闪光点

相信大家都知道千里马与伯乐的故事,要学着去发现别人身上的闪光点,肯定别人。

在工作中,很多领导只看到了少数有出色表现的下属,然后将自己的溢美之词一股脑地给了这类人。但是,还有一大部分人,也就是大多数表现得并不出色的下属,尽管他们也在辛勤地工作,却没有取得让人瞩目的成绩,往往不受重视,甚至被彻底忽略。久而久之,这些员工越发没有自信,离成功也越来越远。

所以如果领导能做到"眼观六路",看到所有人,然后适当地鼓励或者肯定一下表现并不十分出色的下属,他们肯定会恢复自信,加倍努力地工作。

　　古往今来，人们常说胜者为王，败者为寇。成功者因为付出的汗水和心血比别人多，理应得到赞扬和掌声，这无可非议。但是，那些失败和落魄的人呢？他们也一样曾为了目标而艰辛地努力，也许他们付出的并不比别人少，甚至比成功者还多，但总是因为这样或那样不可预知的原因，屡屡与成功失之交臂，那么他们的付出，是不是也该得到回报呢？是不是更值得鼓励呢？领导应当好好考虑一下这个问题。

赞美要实事求是

　　古话说"誉人不增其美"，是说对被表扬者的优点和成绩应如实地评价，不缩小、不夸大，有几分就说几分，不能"事实不够笔下凑"，添枝加叶地肆意美化。

　　表扬不实事求是，于被表扬者无益，会使其产生盲目的自我陶醉情绪，以为自己真的那么能干，那么才华横溢，这反而损害了被表扬者谦虚努力的工作态度。其他人则会议论纷纷，久而久之，下级中间就会滋生出只图虚名的不健康风气。而且当大家看到小有成就可以得到极高的赞扬时，便会动摇脚踏实地工作的信念，浮夸造假、沽名钓誉，只为得到领导的赞扬。本来作为激励手段的赞扬就被异化和极大地扭曲了。

开口就能说动人
——领导必知的沟通艺术

所以肯定和表扬下级,不可套用模板或是任意拔高,否则不仅于事无益,还会损害领导的名声。

要实事求是地表扬下属,还要求领导在确定表扬对象的时候做到公平合理。表扬谁不表扬谁,应完全根据下属的实际表现来定夺,而不应受到领导个人喜好、与领导的亲疏关系的影响。

"把粉全往一个人脸上擦"的做法,必然"高兴一个人,冷落一群人",会引起群众的不满,影响集体内部的团结,被表扬者也会被孤立和冷落。

困境中的下属更需要赞美

对于那些成绩显著、屡次获奖的下属而言,多一次表扬不会产生太大的作用,而对于身处困境、很少得到关注的下属,表扬很可能就是他人生的转折点,对他意义非凡。

人处于困境的时候,心灵往往是脆弱的,这时更加需要温暖的鼓励。《战国策》中记载了这样一个故事:

中山国国君宴请群臣,有位大夫司马子期在座,只有他未分得羊肉羹。司马子期一怒之下,就劝说楚王攻打中山国。中山君被迫逃走,这时他发现，有两个人拿着戈跟在他后面，寸步不离地保护他。中山君回头问这两个人说："你们是干什么的？"那两个人回答说："我们奉父亲之命，誓死保护大王。"

中山君很奇怪，问道："你们的父亲是谁？"两人回答说："大王您可能忘记了，我们的父亲有一次快饿死了，您让人拿了一碗饭给他吃，救活了他。父亲临终前嘱咐我们，中山君如果有难，一定要尽全力报效。所以我们拼死来保护您。"

中山君感慨地仰天而叹："给予不在于多少，而在于是否正值别人困难时；怨恨不在于深浅，而在于是否伤害了别人的心。我因为一杯羊肉羹而逃亡国外，也因一碗饭得到两个愿意为自己效力的勇士。"

中山君的话说明了一个深刻的道理，就是雪中送炭的作用。领导表扬困境中的人，胜于表扬那些本来就万事顺利的人。因为对于那些成绩显著、屡次获奖的下属而言，多一次表扬不会产生太大的作用，而对于身处困境、很少得到关注的下属，表扬很可能就是他人生的转折点，对他意义非凡。

所以说，作为领导，必须要细心并耐心地体察身处困境的下属，适时地给予关注和称赞，只需付出一些关怀，就能换到下属的忠诚，何乐而不为？

开口就能说动人
——领导必知的沟通艺术

在众人面前不要对某一个人大加夸赞

领导称赞下属时,必须注意避免在众人面前大加称赞,以免给他造成不安。在大的场合中提几句就可以了,更多表扬的话语可以留到私底下说或在小范围内说。

在很多单位,职工的工资和收入都是相对稳定的,人们不必在这方面多花费心思。相反地,人们很在乎自己在领导心目中的形象,对领导对自己的看法非常敏感。领导的表扬往往具有权威性,是员工判断自己在单位里的价值和位置的重要依据。

其实,员工在认真地完成了一项任务或做出了一些成绩的时候,虽然他表面毫不在意,心里却默默期待着领导能给予自己一些表扬和鼓励。而领导一旦没有关注或没有给予公正的赞扬,他可能会产生一种挫折感。

领导称赞下属,可以公开进行,也可以私下鼓励和肯定。但如果在众人面前对一个人大加夸赞,也可能会给这位榜样人物带来某些麻烦和困扰,作用适得其反。

很多领导往往有一种错误的认识,以为在众人面前使劲儿夸赞某个下属,那个人会心存感激,其实不然。领导在众人面前过分称赞某一个人的做法,会使很多人因嫉妒而产生不快,被称赞的人也会感到不安。领导称赞得越多，表现得越高调，周围人的妒忌就会越强烈。如果恰好称赞还有些言过其实，会使其他员工怨恨领导，看不起领导，直至怀疑领导称赞的真实性，怀疑领导别有用心。

聪明的职员在被当众称赞时，通常说声表示感激的"谢谢"，就赶紧离开或是低调地不再说话。这与其说是害羞，倒不如说是不能习惯周围人火辣辣的忌妒的目光。

所以，领导称赞下属时，必须注意避免在众人面前大加称赞，以免给他造成不安。在大的场合中提几句就可以了，更多表扬的话语可以留到私底下说，或在小范围内说。

毕竟，竞争意识人人都有，每个人都难免自觉或不自觉地把自己和他人进行比较，所谓的优越感和自卑感也就因为这样的比较而产生。因此，领导过度地称赞别人，就有可能强化这种竞争意识，产生严重的后果。

倘若被称赞的人不在场，领导也要有所考虑，这时候也需要照顾在场的人的颜面和心理感受。如何才能将没被表扬的人的心情照顾到呢？这不是一件容易的事。与其造成一些不必要的麻烦，倒不如先不进行这样的称赞。领导只要心里有数，不妨对当时的在场者给以适当的慰勉，这也不失为明智之举。

第四章 批评艺术：良药治病不苦口

人们常说"良药苦口利于病"，其实仔细想想，良药是不是都要苦口呢？良药虽然可以治病，但苦口的滋味确实不好受。

那么，有没有既能治病又不苦的良药呢？身为领导，很多时候要面对下属工作的失误和错误的行为。怎样帮助他们改正？需要一剂不苦口而又能治病的"良药"。

第四章 批评艺术：良药治病不苦口

对不同的人使用不同的方法

当领导发现下属的观点不对时，便要指出下属的错误，对下属进行批评。但批评要讲究方法，对不同的人应该使用不同的方法。

批评下属时应因人而异，综合考虑被批评对象的具体情况。

有这样一个例子：

某纺织厂的小赵和小吴，在同一个车间工作，小赵比小吴早两年进厂。在生产操作中，她们都出现了错误，而且所犯错误都是相同的。

车间张主任针对这样的情况，对两个当事人采取了不同的批评方式。因为小赵是老员工，所以他狠狠地批评了小赵一顿，但对小吴只是指出了她操作不当，还安慰她不要性急，要慢慢学习，熟悉工作。

小赵很不服气，找张主任提出意见。张主任对她解释说："这种错误出现在你身上是不应该的，你是一个老员工，对操作不能说不懂，更不能说不熟悉工作，出现错误其实是你工作态度的问题。而小吴是新来的，犯错误的性质和你不一样，你说是不是？"小赵听了张主任的话变得沉默了，

开口就能说动人
——领导必知的沟通艺术

她默默地接受了批评。

由此可见，就算是同样的错误，发生在不同人的身上，其实也是有各种各样的差异的，所以领导批评别人的时候必须能够做到因人而异，对待不同的人采取不同的方式，如果采取的方式不妥当，很可能无法达到批评的目的，还会产生一些不良的后果。

对不同年龄的人要采用不同的批评方式

领导者在进行批评之前，首先需要确定的是对方的年龄及资历。对于那些年龄比自己小、资历尚浅的人，领导可以选择用开导性质的语言让他加深对错误的认识，在批评中学到知识，提高工作能力。

对于年纪和领导相仿的同龄人，相对来说共同点比较多，交流起来也没有代沟，所以虽然是批评，但是交谈也可以相对自由，领导可以直白地表明态度，指出问题，进行良好的沟通。

最后是那些老同志，他们年纪大、资历深，往往是公司或单位的骨干。如果这些人犯了错误，领导要进行批评，就得十分谨慎。一般来讲，领导最好采取商量的口气，要表现出应有的尊重，不能随意地掀桌子发脾气，对于问题也只须点到为止。因为老同志往往很清楚毛病在哪里，不需要多说。在谈话时，领导要注意称谓，对年长的人应加上一些敬语，表达自己的尊重。

总而言之，不同年龄段的人的特点各不相同，所以，聪明的领导者一定要区别对待，对不同的人选择不同的方式，才能收到良好的效果。

对不同岗位的人要采用不同的批评方式

在同一家公司中，针对不同岗位的人，有不同的批评方法。比如说，对工作中的老手和初学者，要求必然不一样，所以批评也不同；对于从事简单工作的人和复杂工作的人，由于工作性质不一样，批评的方法也有所不同；对于担任某方面具体负责的人和一般的工作人员，更不能用一样的方式来批评。

对不同阅历的人要采用不同的批评方式

对待那些不同阅历的人，如何运用恰当的语言，让他们接受批评而又不会产生抵触情绪，确实是一门艺术。面对阅历深的人，领导者要做的只是讲清楚道理，没必要长篇大论，对方就可以心领神会。相反地，对于阅历浅的人，批评的时候则可以多说一点儿，除了讲清利害关系以外，还要分析情况，分析对方为什么会出错，怎么才能避免出错，把批评上升到传授经验和知识的层面上。

欲抑先扬，更容易让人接受

在批评别人时，先找出对方的长处进行称赞，然后再提出意见，最后使用一些鼓励性的话语来收尾，这种办法会使人认为你的批评是公正和客观的。

在提出意见前先表扬对方，以表扬来营造批评的氛围，能让对方在愉悦的情绪中接受批评，至少不是备受打击。人们在听到别人对自己的某些

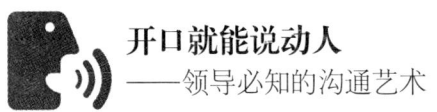

开口就能说动人
—— 领导必知的沟通艺术

长处表示赞赏之后,即使再听到批评,心里往往也会好受一些。

三国时期,曹操准备镇抚关中以后,就班师洛阳。可是关中某地豪强许攸拒绝归降曹操,还说了许多谩骂曹操的话,曹操大怒,准备下令征讨许攸。

群臣纷纷劝曹操用招抚的办法使许攸归降,以便集中力量对付吴、蜀军队的侵扰。可是,曹操丝毫听不进去,而且横刀膝上,群臣吓得不敢作声。

丞相府长史杜袭上前劝谏,曹操截住他的话说:"我的主意已定,你不要再说了。"

杜袭问道:"主公,你看许攸是个什么样的人呢?"

"不过是个匹夫罢了。"曹操怒气冲冲地说道。

杜袭说:"对啊,只有贤人才了解贤人,圣人才能理解圣人。像许攸这样的人,怎么能了解您的为人呢?所以,您犯不着跟他生气。现在大敌当前,豺狼当道,您却要先打狐狸,人们会议论您避强攻弱。这样的进军算不上勇敢,收兵也算不上仁义。我听说力张千钧的巨弩,不会对小老鼠发射;重逾千斤的大石,不会因小草棍的敲打而发出声音。一个小小的许攸,哪值得劳您大驾呢?杀鸡岂能用牛刀?"

曹操听了这番话,觉得很入耳,便爽快地接受了杜袭的劝告,以优厚的条件去招抚许攸,许攸果然归降了。

所以说,与其直言批评,不如先赞扬,往往能达到一定的效果。

柯立芝任美国总统期间,一天对女秘书说:"你今天穿的衣服很漂亮，你真是一位年轻迷人的小姐。"女秘书受宠若惊，因为这可能是沉默寡言的柯立芝对她的最大夸奖了。但柯立芝话锋一转，又说："另外，我还想告诉你，以后抄写文件时，要注意一下标点符号。"

这实际上就是一种欲抑先扬的批评方式——在批评别人时，先找出对方的长处进行称赞，然后再提出意见，最后使用一些鼓励性的话语来收尾。这种办法会使人认为你的批评是公正和客观的，表明被批评者自己有过失，也有成绩。这就减少了因批评所带来的抵触情绪，能够收到良好的批评效果。

此外还有一点，人们在听到"但是"两个字后，很可能会怀疑原来的赞美之词，会觉得赞美是引向批评的前奏。如此一来，赞美的真实性就大打折扣了。但这个问题可以用圆润的措辞来弥补，比如在批评小孩子数学成绩不好时，可以这么说："你的成绩进步了，我们很高兴。只要在数学方面继续努力，下次分数就会更好的。"这样的说法就很容易被对方接受。

用委婉的说法指出对方的错误

通常情况下，人们如果做错了事，自己心里明白，内心深处一般会进行自我反省，觉得抱歉、恐惧或不知所措。这时领导如果用委婉的语气含蓄地批评，会产生很好的效果。

开口就能说动人
——领导必知的沟通艺术

聪明的领导在批评下属时，都会保持温和的态度，采用委婉的方法来指明对方的错误，因为他们知道迂回指责胜过当面批评。

在这方面，周恩来总理可称得上是典范。他总是抱着与人为善的态度，对下属的缺点和错误及时进行批评教育，令人心悦诚服。

1952年，周总理召集有关人员，逐字逐句讨论、修改一份文件。复印前，他又专门叮嘱一位同志把好最后的校对这一关。但当周总理拿到文件后，发现依然有错别字，但他并没有直接批评校对的同志。

第二天，周总理与大家共进午餐时，特地与这位同志碰了杯，笑着说："罚酒一杯吧！"简简单单的一句话，既亲切又严肃，在点明了这位同志错误的同时，又没有让他在众人面前出丑。

下属犯了错，当领导的一味地批评、说狠话，总是数落下属"你怎么这么马虎""做事为何这么不仔细"等，是十分不妥的，而且效果很差。

通常而言，人们如果做错了事，自己心里明白，内心深处一般会进行自我反省，觉得抱歉、恐惧或不知所措。这个时候领导再批评或指责他，他就会羞愧难当，甚至从此一蹶不振、丧失自信。

所以如果领导用委婉的语气含蓄地批评，就会产生很好的效果。犯错误的一方不仅会感激领导的信任和体谅，还会感受到领导的真诚，更重要的是有了改正错误的信心和意愿。于是，他会在今后的工作中小心谨慎，尽量不再犯类似的错误，甚至还自觉地反思自己其他的失误和不良习惯，并适时纠正行为，改正缺点。

第四章 批评艺术：良药治病不苦口

用调侃的方式委婉地批评

用调侃的方式委婉地批评，既能起到批评的作用，同时也不伤对方面子。

有这么一位教师，他的批评方法就像是一种艺术。

在一次数学考试之后，他发现班上女生普遍考得比男生好，就在班会上给大家讲了下面这个故事：

昨天我做了个梦，梦见我的老师在课堂上问我，来生是要当男生还是当女生。我就回了一句"当女生"。我的老师就问我："为什么？"我说："男生与女生下棋时，要是女生赢了，她就会立刻被大伙称为才女；要是输了，人们也不会责怪她。可男生就惨了，要是他赢了，肯定没人说他是才子；可要是输了，人们就会说他是一个大草包。你们看看，男生亏不亏！"

听到这个奇怪的梦，大家全都笑出了声。接着，老师又从容地说："不过今天我不说梦，而是要表扬咱们班的女生。为什么？因为她们考得好，超过了男生！这说明，不仅下棋，考试也一样，才女特别多！因此，我既要为我们班才女的胜利而骄傲，也要为我们班才子的谦虚而骄傲！"

话音刚落，同学们又一次笑了。女生们笑，是因为老师在夸她们；男

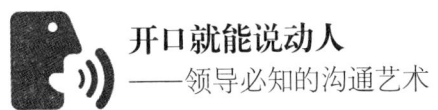

生们笑,则是因为老师的调侃其实是对他们的一个极巧妙的批评。

当领导将自己的批评隐藏在玩笑背后,用调侃的方式来委婉批评他人时,只要运用恰当,就会起到意想不到的效果。

批评下属要注意场合

批评下属必须注意场合,不能像泼妇骂街一样大肆张扬,唯恐别人不知道,这样会伤了下属的面子和自尊心,也破坏了领导的形象。

穿衣要看场合,批评也要看场合。不注意场合,随意批评人往往达不到预期的效果,有时还伤了下属的面子和自尊心,也破坏领导的形象,降低了领导的威信。

小顾是一位刚刚毕业的大学生,从小娇生惯养。大学毕业后,小顾被学校推荐到北京的一家单位工作,与她一起来的还有几个和她要好的同学,由于他们所学专业都是一样的,公司将这几个学生都安排在同一间办公室。

随着工作越来越深入,小顾感觉压力越来越大。有时候上班的时候,小顾会用方言同其他几位同学聊几句,同学们也会用方言回应,这样难免打扰其他同事的工作。有一次,小顾同样用方言和一位同事说话的时候,

第四章 批评艺术：良药治病不苦口

坐在小顾对面的组长小刘实在忍不住了，她啪的一声将鼠标砸在桌子上，大声嚷嚷着："上班的时候不要说方言，要说的话出去说。"小顾回答："我只是跟他们打个招呼而已。"这句话惹怒了小刘，小刘生气地一把抓住小顾的胳膊说："我教你是为你好，难道你父母没教过你啊，对待长辈要尊重……"接着又是一连串的"炮轰"，一直骂到小顾哭了，她才停下来。

办公室里出奇的安静，只听见小顾哭的声音，所有的同事都心惊胆战，生怕小刘将怒火转移到自己身上。

批评下属必须注意场合，不能像泼妇骂街一样大肆张扬，唯恐别人不知道。大部分人都不希望看到上司斥责下属，不愿看到自己的同事被责骂。当然，也有一小部分人会幸灾乐祸，但绝大部分人还是会站在被责骂者一边的。

有的领导喜欢在众人面前斥责下属，这并非出于气愤，而是想经由这种方式向上级、客户或其他人表明某件事出了问题不是自己的错，而是由于某个下属办事不力而造成的。事实上，这种做法很幼稚，既然身为领导，就得对职责内的所有事务负起责任。一味强调自己不知情，只会给人造成刻意掩饰的感觉，同时暴露出自己管理不力。更严重的是，推卸责任的行为会让其他下属心寒，一味地把责任往下属身上推，拿下属做挡箭牌，毫无疑问，以后大家可能对工作不再热心，遇事能躲则躲。

所以在发生问题时，领导即使确定是下属犯的错，也应该把他叫到办公室，在没有第三方的情况下进行批评教育。

开口就能说动人
——领导必知的沟通艺术

在比较中说明问题

俗话说"有比较才有差别",善用对比的方法,可以让双方的差异更加明显,给差的一方以更强烈、更深刻的印象。

胖与瘦、高与矮、善与恶、优与劣、大与小、美与丑的差距在对比中立见分晓,十分鲜明。在对比中,有差距的一方会认识到自己的不足之处,从而鼓足勇气,想早日赶上先进者。所以,有的时候对比式的批评法也能奏效。

为了保持队员的战斗力,中国女排每隔几年就要调换一批队员。而每次队伍调整后,都会遇到怎么处理新老队员关系的问题。

在一次训练的过程中,某位老队员与当时的新二传手练战术配合。这时,不是新二传手高了,就是老队员跑快了,总之就是协调不起来。原定的训练时间眼看就要结束,可训练指标还是没有完成。老队员显得有点不耐烦,在一次扣完球去捡球时,拿起球就使劲踢了一下。新二传手看到后压力更大了,在接下来的时间内,无论怎么传球都传不好。

教练见此情景,就吹哨让大家停止,把队员们叫过来,对老队员说:"你们好好想一想,当年老队员是怎么带你们的。现在,你们自己又是怎

第四章 批评艺术：良药治病不苦口

么带这些新队员的？"

老队员很快清醒过来，并调整了自己的情绪。新二传手见教练批评了老队员，支持了自己，也不觉得紧张了。继续练球时，新二传手越传越顺，和老队员配合得很协调。

所有人都知道，"老人带新人"是排球训练中用以提高技巧的卓有成效的方法。但是新老队员之间需要磨合，协调配合的问题该如何解决？必须做到配合默契、协调一致，才能取得好的效果。

所以对于教练来说，在新老队员刚刚接触、配合不到位的问题出现时，必须注意根据情况做出指导，一面调动老队员的积极性，一面增强新队员的自信心，还要注意在调动积极性和增强信心的同时，不能伤害队员的情感。在上面的例子中，教练就充分意识到了这个问题，所以他没有直接批评有资历的老队员，而是用对比的方式，委婉而且十分温和地对老队员进行了启发："当年老队员是怎么带你们的？"

也正是这样的方式，让老队员很快就意识到了自己的问题，意识到了自己的急躁和不耐心会带来怎么样的结果，"响鼓不用重槌"，老队员主动调整了情绪，耐心而和善地和新队员一起研究与训练，最终度过了磨合期，越打越顺利，取得了很好的训练成果。试想一下，如果教练选择直接狠狠批评老队员没耐心，不给这些老队员留面子，很有可能让他们不高兴，甚至产生抵触的情绪，从而没有办法好好训练，最终影响训练的过程与效果。

俗话说"有比较才有差别"，善于运用对比的方法，可以让双方的差异更加明显，给差的一方以更强烈、更深刻的印象。所以在批评或说服他

人时,要善于对不同对象进行比较,在比较中说明问题、阐明观点。这样,就算不直接说对方不好,批评也会很有力量,被说服者或被批评者也能认识到自己的不足,赶紧迎头追上。

批评与赞美双管齐下

在讨论问题、指出不足的过程中,不要忘了赞美别人,而且要以友善的口吻来结束批评。这样处理问题,不会引起对方的反感。

有一些管理者,在管理企业的过程中,可能存在这样一种意识:管理者的工作就是挑下属的错,然后再花时间纠正他们,批评他们。

其实如果一个管理者经常重复做这样的事情,很可能会导致这样的结果:下属索性破罐子破摔,上下级互相怨恨,两败俱伤。

赞美是十分合乎人性的领导法则,适当而得体的赞美,会使员工感到很舒心、很快乐,觉得自己被重视和信任。而领导者则会得到意想不到的回报,当下属或员工感到自己的表现受到肯定和重视时,他们会以感恩之心工作,从而表现得越来越出色,更加努力地做事,为公司创造更大的业绩。

一个明智的管理者,不会错过任何机会赞美他的下属,也从来不会对赞美下属感到厌烦。赞美下属可以用真诚的微笑来表达,要记住微笑

第四章 批评艺术：良药治病不苦口

的力量无坚不摧。当然，最直接的方式还是用赞美的语言直接传达对下属的肯定。

领导者可以从下面几个方面来努力提高赞美他人的语言表达能力。

首先，在赞美之前，应该培养自己关爱、欣赏下属的心态，要懂得随时随地发现别人的优点，找到别人的闪光之处。这样，在赞美别人的时候，才能真切地说出别人确实值得赞美的闪光点。

其次，赞美要做到真诚，不可以虚情假意地说些面上的话，这样起不到赞美的效果。赞美的眼神和肢体语言，可以让赞美更具有感染力，更有诚意。

再次，就是赞美员工的优点必须做到及时，隔了很久才去称赞一个人，其实早就失去了称赞的意义。一定要在最短的时间内，就让下属知道领导为他们感到自豪。

最后，要讲究赞美的表达技巧，注重表达技巧可以让赞美之词效果更佳，为赞美锦上添花。

当然，不要总挑下属的错，并不是说永远不能批评他们。下属重复犯错时，作为一名管理者如果不适时对其进行批评，就是在纵容下属犯错误，这是相当不智的。所以在批评下属时，要特别讲求技巧，否则会适得其反。

那么，怎么做可以正确而有效地达到批评的目的呢？下面的几个方法可供参考：

首先，必须做到批评对事不对人。下属犯了错误，需要进行批评，但是领导要注意，不要把批评某事变成人身攻击，不可以转移到批判员工的人格上来。就事论事，下属的工作出现问题，就说工作，不可以东拉西扯，不尊重员工人格。

开口就能说动人
——领导必知的沟通艺术

其次,让下属明确自己错在哪里。批评必须有的放矢,否则,领导说了半天,下属还是没明白自己到底错在哪里,不知道为什么被批评。领导必须让别人知道,错误本身不是不可原谅的,关键是要知道问题的症结到底在何处。只有这样,才有利于下属改正错误。

再次,不可在公开的场合进行批评。人都是有自尊心的,在公共场合批评下属,是对下属自尊心最大的打击,作为领导,必须避免这一点。这样做不但起不到批评的作用,还会激起下属的怨恨。其他员工看到领导这样不给别人面子,也会对领导产生不满情绪。

最后,批评和赞美要双管齐下。在讨论问题、指出不足的过程中,领导不要忘了赞美别人,而且要以友善的口吻来结束批评。这样处理问题,就不会使对方觉得受到无情的责难,也不会引起对方的反感。

总之,作为一名成功的管理者,对下属的过错不可以"咬定青山不放松",一点儿余地不留地抓着不放,但也不可以听之任之。最智慧的做法是对下属多赞美、少批评,最好赞美时在众人面前,而批评时单独进行。这样做才能让自己的身边聚拢更多的追随者,才能取得管理的成功。

批评不要太直接

在批评一个人的时候,切忌太直接,这样不仅会显得十分生硬,而且让被批评者感到无所适从。

第四章 批评艺术：良药治病不苦口

在与不同的人交往的过程中，不少人常常会标榜自己是"直肠子"，有话直说，说到做到。

其实在很多时候，人与人之间的语言交流，常常是"曲则全"，不管不顾、直话直说效果是最不好的。

大家都知道，唐朝名相魏征以直言善谏闻名于世，其实，他在批评唐太宗时也很善于运用含蓄的方法。

有一天，有人送给唐太宗一只鹞子（雀鹰），唐太宗非常高兴，托在手臂上赏玩。见魏征进来，唐太宗怕他看见，赶紧把鹞子揣到怀里。其实魏征早已看见了，只是故意不挑明，奏事时慢条斯理，有意拖延时间。结果等魏征走了，鹞子也闷死在唐太宗的衣服里了。

在这里，魏征就采用了含蓄的方式，不露痕迹地批评了唐太宗玩物丧志的行为。

在批评一个人的时候，切忌太直接，这样不仅会显得十分生硬，而且让被批评者感到无所适从。所以，领导者在批评别人时，可以含蓄地表达自己的意思，这样的方式反而成了社交场合中提出意见、批评他人的妙招。

使用这种方法，可以避免因尽露锋芒给对方造成过大的伤害，让对方产生抗拒心理，也能避免针锋相对的矛盾，还能够启发对方进行思考，让对方在细细斟酌之后，体会其中道理，理解和接受和批评，进而改正错误，从而收到了"言有尽而意无穷"的良好效果。

开口就能说动人
——领导必知的沟通艺术

批评过后要适时安抚

如果领导必须批评下属，一定要在可能的范围内，最大限度地替对方保留颜面，之后也要适时安抚，让对方产生被重视和信任的感觉。

在工作之中，领导难免要批评别人。如果真的出现了非批评下属不可的情况，最好能同时准备点儿甜头，让被批评者即使一时感到非常痛苦，之后却能理解领导的苦心。

松下电器公司的创始人松下幸之助，除了在企业经营方面有独到的经营哲学外，还善于用人，即使是批评员工，也能使员工心服口服。

三洋电机的副董事长后藤清一曾任职于松下公司。有一天，后藤清一因为犯了错，被叫到松下幸之助的办公室接受训话。松下幸之助见到后藤清一后，怒火犹如火山喷发，非常生气地斥责了后藤清一。由于过于激动，松下幸之助甚至用手上拿的打孔机敲桌子，把打孔机都敲歪了。

松下幸之助心情恢复平静之后，对后藤清一说道："很抱歉，刚才我太生气了，所以把打孔机敲歪了，你可不可以把它扳正呢？"

后藤清一挨骂后，原本十分恼火，只想赶快离开董事长办公室，但无奈之下只好接受要求，拿着打孔机在一旁敲敲打打，慢慢地将它扳直，他的心情也逐渐地恢复了平静。

松下幸之助对后藤清一称称赞道："你做得很棒，打孔机简直跟原先的一模一样！"

后藤清一离开后，松下幸之助悄悄地打了个电话到后藤清一的家里，对后藤清一的太太说："今天你丈夫回家后心情可能不太好，麻烦你多安慰他。"

当后藤清一带着满肚子的委屈回到家时，原想告诉太太自己打算辞职不干，没想到董事长却早已事先交代安抚措施，让后藤清一更加佩服松下幸之助。

松下幸之助的高明之处在于他在批评时掌握了分寸，让员工体会到了爱之深、责之切的心情，从而更加心甘情愿地工作。

所以，如果领导必须批评下属，一定要在可能的范围内，最大限度地替对方保留颜面，之后也要懂得适时安抚，让对方产生被重视和信任的感觉，这样才能在事情发生之后还能维护良好的关系。

有些批评不必把话挑明

批评的话语绝对不是不假思索随口说出来的，领导在批评他人之前必须思考，该以什么方式把批评的话说出口，才能做到不令对方难堪。

开口就能说动人
——领导必知的沟通艺术

大多数人都是要面子的,所以批评应该点到为止,不用太露骨。只要稍做暗示,旁敲侧击,大家就会明白,下次不会再犯。而且这种批评方式也能显示出批评者说话的技巧和魅力。

有这样一个故事,有一次在宴会上,一位身材肥胖的夫人坐在身材瘦削的萧伯纳旁边,带着娇媚的笑容问道:"亲爱的大作家,你知道有什么办法能阻止人变胖吗?"萧伯纳郑重地对她说:"有一个办法我是知道的,但是无论我怎么想,也无法把这个词'翻译'给你听,因为'干活儿'这个词对你来说,简直是外语呀!"

萧伯纳这种含蓄委婉的批评,比直接对那位夫人说她太懒效果好得多。最为高明的批评方法是根本不用批评两个字,而是逐渐"敲醒"听者,启发他做自我批评,自我反省。

某单位几位老同志反映,晚上住在宿舍楼上的年轻人不注意保持安静,老同志在楼下睡不好觉。

党委书记和这些年轻人闲谈时,讲了一则笑话进行暗示:有位老人神经衰弱,稍有响动,就很难入睡。恰好楼上住了一个经常上晚班的小伙子。小伙子每天下班回家,双脚一甩,将鞋子踢下,噔噔两声,鞋子重重地落在地板上,每次都将好不容易才入睡的老人惊醒。老人为此向小伙子提出了意见。这天晚上小伙子下班回家,习惯性地把左脚的鞋一甩,突然想起老人的话,于是轻轻地放下第二只鞋。第二天一早,老人埋怨小伙

第四章 批评艺术：良药治病不苦口

子："你一次将两只鞋甩下，我还可以重新入睡，你留下一只不甩，我等你甩第二只鞋子等了一夜。"笑话说完，年轻人哄堂大笑后，悟出了笑话所指，以后就注意保持安静，不再打扰老同志休息了。

毫无疑问，批评的话绝对不是不假思索随口说出来的，领导在批评他人之前必须思考，该以什么方式把批评的话说出口，才能做到不令对方难堪。

对于那些有自知之明的人，如果他们犯了错误，领导者最好采用暗示的方法，因为这样做就足可以达到劝说的目的，无须把话挑明，产生无谓的伤害。而对于那些没有自觉性，一而再、再而三犯错误的人，则必须严厉批评，采取严厉的态度进行规劝，让他们不再犯类似的错误。

第五章 幽默艺术：给沟通披上漂亮的外衣

　　幽默是一个人在社交场合中"最漂亮的外衣"，它能把陌生人变成朋友，让人际关系锦上添花，还能轻而易举地化解尴尬。想要成为一个有幽默感的领导，必须不断地学习和实践，不断完善自我，才能做到将幽默进行到底。

第五章 幽默艺术：给沟通披上漂亮的外衣

幽默使谈话氛围更融洽

幽默感对一个人社交能力的发展起着举足轻重的作用。与普通人相比，谈吐幽默的人与他人交往更顺利。

据说，美国人宁愿自己变成盲人，也不愿意承认自己缺乏幽默感。虽然这种说法没有准确的根据，却充分体现了幽默的重要性。缺乏幽默感的人，往往显得缺乏魅力。

销售员乔治口才很好，而且反应敏捷。一次，他正在销售"折不断的"绘图T字尺，他说："看啊，这描绘图T字尺多么牢固，任凭你怎么用力都不会折断。"为了证明他所说的话是正确的，乔治握住绘图T字尺的两端，并用力使它弯曲。

突然"啪"的一声，绘图T字尺断成了两截。众人看到眼前发生的情景，目瞪口呆。但一瞬间，乔治又把它高高地举了起来，对围观的人大声说："女士们，先生们，看，这就是绘图T字尺内部的样子。"

开口就能说动人
——领导必知的沟通艺术

　　幽默是一个人的学识、才华和智慧在语言中的综合体现。幽默的语言可以让紧张和沉重的气氛得到缓解。在人际交往过程中，幽默的语言如同润滑剂，能够有效降低人与人之间的摩擦系数，化解矛盾冲突，并能使说话人从容地摆脱沟通中可能遇到的各种困难。

　　在交际场合，领导可以利用自己的幽默语言迅速打开局面，使谈话气氛变得轻松而融洽。在出现意见不合或是有分歧时，有心的人也可以用幽默的语言缓解紧张情绪、摆脱窘境或消除彼此之间的敌意。此外，幽默的语言还可以用来含蓄地拒绝对方的要求，或进行善意的批评。

幽默虽好，但不能乱用

　　幽默是具有良好的修养的体现，是一种充满魅力的说话技巧，幽默还能营造轻松的交谈氛围，使大家笑口常开，而且幽默有时还能让人有效地维护自己的尊严。幽默虽好，但不能乱用。

　　有一回，美国总统里根在白宫钢琴演奏会上讲话。突然，他的夫人南希一不小心，连人带椅跌落在台下的地毯上，观众发出一阵惊叫声。南希立即爬了起来，在200多名宾客的热烈掌声中重新回到自己的座位上。

　　正在讲话的里根看到夫人没有受伤，随口说了一句："亲爱的，我不是告诉过你了吗？只有在我的讲话没有赢得掌声时，你才应该表演你的节目。"

听了里根这句俏皮话，别人怎能不为他的机智、诙谐而热烈鼓掌呢？

幽默虽好，但不能乱用，要掌握一定的技巧。

不要随便使用幽默

幽默并不是在任何场合都可以使用的，应在特定场合和条件下使用。比如在隆重的会议上，当别人发言的时候，你突然冒出一两句俏皮话，就有失体统。也许身边的人会被逗笑，但发言的人肯定认为你不尊重他，对他的讲话内容不感兴趣。

幽默也要适度

生活之中，有不少人开玩笑时往往把握不好分寸，结果弄得大家很尴尬，最后不欢而散，影响了朋友间的感情。

幽默切勿生搬硬套

如果并不具备适合的环境，却要尽力表现幽默，这只是勉为其难的行为，不仅不能给讲话添彩，还会令大家陷入尴尬境地。

幽默是良好的修养的体现，是一种充满魅力的说话技巧，幽默还能营造轻松的交谈氛围，使大家笑口常开，而且幽默有时还能让人有效地维护自己的尊严。所以作为领导一定要练好自己运用幽默的本事。

开口就能说动人
——领导必知的沟通艺术

谈吐幽默，让你更受欢迎

幽默的谈吐能使严肃紧张的气氛顿时变得轻松、活泼，它能让人感受到说话人的温和与善意，使其观点变得容易让人接受。

幽默的谈吐无论在日常生活中，还是在重大的社交场合，只要运用得当，都会受到欢迎。

抗战胜利之后，张大千欲从上海返回四川老家。好友设宴为他饯行，梅兰芳等人均在座。宴会开始后，大家请张大千坐首座。张大千却说："梅先生是君子，应坐首座，我是小人，应陪末座。"

大家都不解其意。张大千接着说："有句话叫'君子动口，小人动手'。梅先生唱戏是动口，我画画是动手，所以我应该请梅先生坐首座。"这一番幽默的语言使在场的所有宾客都大笑起来。

虽然听上去好像是自贬，然而这番话"醉翁之意不在酒"，既表现了张大千豁达的胸怀和幽默的口才，又营造了欢乐祥和的聚会气氛。

幽默是一种充满魅力的语言表达方式，可以体现一个人的良好修养和丰富学识，让说话人在各种各样的社交场合中都更受他人欢迎。幽默的语言还能够缓和紧张气氛，避免许多不必要的冲突。

炎炎烈日，一辆载满乘客的公交车正在路上行驶。车内一个年轻人正在喝冷饮，突然一个急刹车，年轻人不小心将饮料溅到旁边男士的脸上。

被饮料溅到的那位男士的女友，一边掏出手帕给男士擦脸，一边狠狠地瞪着那个喝饮料的人。大家都以为争吵一触即发，不料，男士却笑着对女友说："你等一下，先别擦，他还没有喝完，一会儿可能还会溅过来。"

这一番话很幽默，旁边的人听了都笑出声来。那位惹祸的年轻人也尴尬地笑了起来，并再三道歉。

幽默是智慧的产物

幽默是智慧的体现。想要说话风趣、惹人发笑，就要具备灵活的头脑、丰富的知识、良好的心态和快速的反应能力。

恩格斯曾经说过："幽默是表明工人对自己事业具有信心并且表明自己占着优势的标志。"幽默的谈吐是建立在说话者思想健康、情趣高尚的基础上的。幽默永远属于那些热心肠的人，属于那些生活中的强者。

诗人歌德去公园散步，在一条小道上遇到了曾经用言语攻击过他的

政客。

对方见到歌德走过来,满怀敌意地说:"我是从来不给傻瓜让路的。"歌德不假思索地立即回答:"是吗?我正好相反。"说完,便绕过政客离开了。

歌德的回答虽然只有几个字,却幽默机智,用巧妙的回答避免了一场可能因狭路相逢、僵持不下而发生的冲突,却又给了对手毫不留情的反击,充分显示了歌德的聪明才智与优雅风度。

幽默是特有的情感表达方式。它可以使人思想乐观、心情愉快、消除疲劳;幽默还可以缓解紧张气氛,避免不必要的冲突。

幽默是智慧的产物,纵观古今中外著名的语言大师,他们往往都是幽默大师,常常说出诙谐的话语。

莎士比亚曾说:"幽默是智慧的闪现。"与幽默相联系的首先就是智慧。一个才疏学浅、举止轻浮、孤陋寡闻的人是很难产生幽默感的。

作为领导,由于工作、事业上的需要,很多时候都必须与各种各样的人打交道,因此会说一些幽默的话是很有必要的。那么,怎样说话才能拥有幽默感呢?

作为领导,可以从以下几个方面培养自己的幽默感:首先,就是要丰富自己的知识,积累更多的社会经验;其次,则应当培养自己敏锐的洞察力和想象力;再次,还要注意保持优雅的风度和乐观的情绪;最后,则是锻炼语言表达能力,提高个人素质。

第五章 幽默艺术：给沟通披上漂亮的外衣

幽默是化解敌意的良方

当使用幽默来纠正对方的错误时，首先必须有谅解他人的胸怀，不能有借机攻击对方的心理，否则幽默是无法发挥作用的。

一旦面临冲突，不要忘记使用幽默的语言。因为幽默的语言不仅能把人从怨恨的心理、危急的关头或是一触即发的愤怒中解救出来，而且还能将思想以轻松自如的方式表达出来，从而避免影响人际关系。

著名作家冯骥才到美国访问时，一个华裔家庭去拜访他，双方相谈甚欢。

交谈中，冯骥才忽然看见客人的孩子穿着鞋子就跳到了床上，把自己洁白的床单弄脏了，这实在是一件让人不高兴的事，但是孩子的父母并未发现这一点。

此时，如果冯骥才发出任何表示不满的言辞或表情，那么，就很有可能造成尴尬的局面。最终，还是幽默帮助了冯骥才。他风趣地对孩子的父母亲说："请把你们的孩子带到地球上来。"宾主双方会心一笑，问题也得到了圆满的解决。

开口就能说动人
——领导必知的沟通艺术

在这里,冯骥才就是采取了"大词小用"的方法,将地板称为地球。看似夸张的比喻,将孩子的鞋子与洁白的床单之间的矛盾淡化了,很好地避免了双方的尴尬,又解决了问题。

有户人家,水管漏水非常厉害,院子里积了很多水。维修工答应立即就来,可是等了很久才见到他的身影。

维修工人问住户:"现在情况怎么样了?"

住户回答:"还好吧。在等你的时候,我的孩子都学会游泳了。"

可能住户说得过于夸张,但是这样幽默的话语淡化了他对维修工迟迟不来的不满,又恰当地表达出了自己的意思,使维修工的内心充满歉意。如果住户没有一颗宽容而幽默的心,而是选择直接斥责,那么双方一定发生激烈的争执,水管也得不到妥善修复。

言之有物才能打动人心

言之有物的幽默,往往更具有喜剧效果,更能打动人心。

孙中山曾在广东大学(今中山大学)讲解民族主义。礼堂非常小,听众很多,天气闷热,很多人都无精打采,无心听讲座。

这时,孙中山讲了一个故事。

他在香港读书时,看见许多苦力聚在一起聊天,并且开怀大笑。他很好奇，便走上前去询问。其中一个苦力说："我们当中的一个人，买了一张彩票，并把它藏在挑东西的竹杠里。等到开奖那天，竟然真的中了头奖，他惊喜万分，认为兑奖之后可以买洋房、做生意，这一生再也不用靠这根挑东西的杠子过活了，于是就把竹杠狠狠地扔到了大海里。不幸的是，一同扔掉的还有那张彩票。因为钱没有到手先扔了竹杠，结果西瓜芝麻都丢了，空欢喜一场。"

故事讲完，台下笑声一片，没有人再打瞌睡了。

接着，孙中山回到主题："对于我们大多数人，民族主义就是这根竹杠，千万不能丢啊！"

孙中山讲的这个幽默故事，不仅让昏昏欲睡的听众清醒，也使大家在笑声中明确了演讲主题，分清了是非，认清了真理，可以说一箭双雕，取得了良好的演讲效果。

总之，幽默的语言必须做到真实而又形象，这样才能引人联想，让人回味无穷。

张冠李戴，造成喜剧效果

张冠李戴，就是故意用甲来代替乙，并使之在特定的环境中产生不协调感，以此带来强烈的幽默效果。

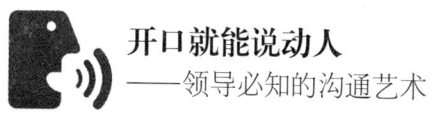

开口就能说动人
——领导必知的沟通艺术

我们在看马戏团演出时,常常觉得那些穿着人类衣服的猴子、猩猩十分可笑。在说话时候选择不恰当的替代性语言,也可以产生很好的喜剧效应。这是因为给人造成的不协调感起了作用,所以人们很容易为之发笑。"张冠李戴"所造成的喜剧效果就是如此。

某班进行历史考试,老师在开考前对学生们说:"考试过程中,请同学们'包产到户',不要走'共同富裕'的道路。"

对于老师的话,同学们都心领神会,大家都知道老师说的是不允许抄袭别人的考卷,自己写自己的这一条规则。但老师的话妙就妙在没有直言考场纪律,而是用农村改革中的两个专有名词来说明。

"包产到户"代替"自己答好自己的卷子","共同富裕"代替了"互相抄袭"。由于"包产到户"和"共同富裕"的巧妙借喻打破了考场上紧张严肃的气氛,形成强烈的反差气氛,所以产生了幽默感。

还有一个例子也说明了这一点:

一名记者对某长寿老人进行采访,请他谈谈长寿的秘诀。老人笑着回答:"秘诀只有一个,那就是保持'进出口平衡'。"

一句话,让在场的人都笑了。"进出口平衡"本是外贸行业里的一个常见的术语,却被这位老人用到饮食养生问题上来,其言外之意不言而喻,既说明了新陈代谢对身体的重要意义,又使人听了觉得趣味无穷。

第五章 幽默艺术：给沟通披上漂亮的外衣

巧设悬念，引发好奇

越是有悬念的东西，就越是能引起别人的好奇心，因此，巧设悬念，必然能达到很好的幽默效果。

有一天，在巴黎的一条街道上，一名烟商正在大谈抽烟的好处，突然，一位老人走了过去。

老人大声对围绕在烟商周围的人说："女士们！先生们！对于抽烟的好处，除了这位先生讲的以外，我再补充三点。"

烟商一听乐了，说道："先生，谢谢您了，看您相貌不凡，一定是位学识渊博的人，请您把抽烟的其他好处也当众讲讲吧！"

老人也笑了笑，说："第一，狗害怕抽烟的人，一见就逃。"周围的人议论纷纷，商人暗暗高兴。

"第二，小偷不敢去偷抽烟者的东西。"人们啧啧称奇，商人更加高兴。

"第三，抽烟者永远不老。"人们听了都觉得吃惊，商人更加喜不自禁，要求老人细细解释。

老人接着说："第一，抽烟的人驼背的多，狗一见到他以为是在弯腰捡石头打它，能不害怕吗？"人们笑出了声，商人吓了一跳。

"第二，抽烟的人夜里爱咳嗽，小偷以为他没有睡着，所以不敢去

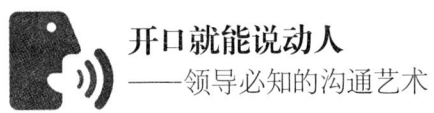
开口就能说动人
——领导必知的沟通艺术

偷。"人们继续大笑起来，商人大汗淋漓。

"第三，抽烟的人很少长命，所以没有机会衰老。"这下，人们是真的哄堂大笑起来了。

此时，人们再一看，人群中的烟商早已不知去向。

这位老人讲话层层递进，先是一步步地把人们引向迷惑不解的境地，当把人们的胃口吊得足够高的时候，才不慌不忙地表达出自己真正的意思。

按照惯常思维，抽烟是应该遭到反对的，因为抽烟的危害人所共知。所以当老人走向大谈抽烟有好处的烟商时，一般人都会认为老人要提出反对意见，可老人此时却说要谈抽烟的好处，商人和围观的人们自然急切地想知道原因。而后，老人以幽默的话语作了妙趣横生的解释，既让周围的人开心，又戳穿了商人的骗局，让人们更加深刻地体会到抽烟的危害性。

在人际交往中，想要使用"巧设悬念幽默法"，必须注意以下两点：

别故弄玄虚，让人摸不着头脑

故弄玄虚地制造幽默，不但不能达到预期效果，反而让人觉得无聊乃至反感。

做好充分的铺垫，不要急于求成

必须注意，自己所说的话要让听众对结果产生错误的预期，然后在听众急切的要求下再把真正的结果娓娓道来，只有这样，才会有意想不到的效果。

给听众以思考的时间

有了思考的时间，大家才能更加深刻地领略话中的奥妙和深意。

第五章 幽默艺术：给沟通披上漂亮的外衣

把握分寸不伤人

幽默的人一般来说都是心怀善意的，但不经意的幽默可能也会伤人，所以必须把握好其中的分寸。

有极少数人利用幽默的方式讲些刻薄的话，伤人又伤己。这类人专门以打击别人的自尊心为目的，毫不在乎地讲出令对方耿耿于怀的话，比如把对方的出身、成长环境，或者双亲的职业和社会地位等作为笑柄嘲笑他人。

要知道，社会上本来就有很多不幸的人，自从出生之后背负了许多常人难以想象的苦难，其中有很多苦都并非是他们心甘情愿承受的，也是他们无能为力的。这些人是值得同情的。但凡有怜悯之心的人，都不应该以他人的痛苦为话题，当着别人的面说伤人的话。事实上，这也是与人交往时必须注意的一种礼节。

大致来讲，与人开玩笑的时候，要注意如下几个方面的问题：

注意格调

开玩笑应该有利于身心健康，活跃气氛，摒弃那些低级趣味的东西。

留心场合

正规场合一般不宜开玩笑，而对于不十分熟悉的人，也不宜开玩笑。

开口就能说动人
——领导必知的沟通艺术

讲究方式

幽默的方式要因人而异,对于性格开朗、喜欢说笑的人,开玩笑尺度大一点儿也无妨;而对于性格内向、少言寡语的人,一般不要轻易打趣。

掌握分寸

其实不仅是开玩笑,凡事都要有度,适度则益,过度则损。

避开忌讳

几乎每个人都有自己的言语忌讳,或是因为风俗习惯,或是因为自身问题,所以,在开玩笑时一定要小心避开别人心中的"雷区"。

望文生义幽默法

使用望文生义幽默法时,一要"望文",即刻板地就字释义;二是"生义",要使"望文"所生之"义"变异,使之与"文"通常的含义大相径庭。

望文生义是一种巧妙的幽默技巧。

望文生义幽默法,即假装只按照字面含义理解,使事情与所指意义产生截然相反的幽默效果。

例如,一位领导主持会议,大声宣布:"今天的会议十分重要,研究全厂改革大计,所以禁止说普通话。"

第五章 幽默艺术：给沟通披上漂亮的外衣

与会者感到十分茫然，普通话是国家大力推广的便于人们沟通的语言，为什么要禁止呢？不说普通话，莫非要说方言或外语不成？

面对众人迷惑不解的目光，这位领导缓缓解释道："所谓普通话，就是指那些普通、平庸、没有独到见解、缺乏实际内容的套话和空话。这种话难道不应禁止吗？所以，我提议在今天的会上，不说'普通话'，大家一定要说切实有用的话。"

听到这里，众人才恍然大悟，全场大笑，鼓掌赞同。

这位领导巧用望文生义法，开场白极富幽默感，既点出了会议的宗旨，又活跃了会场气氛。

第六章 激励艺术：给下属打一剂"强心针"

　　身为领导者必须知晓在什么时候、怎样去激励自己的下属，让他们获得心理上的满足，从而更加充满热情地工作。

第六章 激励艺术：给下属打一剂"强心针"

为下属树立明确的目标

目标是想要达到的境地或标准。目标管理是领导工作的主要内容之一，而目标激励则是实施目标管理的重要手段。

人需要确定行动的目标。当一个人明确了自己的行动目标时，就会把自己的行动和目标不断对照，知道自己前进的速度，也知道自己和目标的距离，这样他就可以一直保持行动的积极性。

我们发现，一位一万米赛跑运动员，即使他已经非常疲惫，觉得坚持不下去了，当人们告诉他离终点只有一千米了，再加把劲就可夺得奖牌时，他就会信心百倍，加快速度完成最后的冲刺。

那么，领导者如何通过目标激励下属完成任务呢？领导者必须善于设置正确的总体目标，并分别设置若干个阶段性的目标。总体目标可使下级的工作有方向，而那些阶段性目标，则是达到总体目标的必经之路。把总目标分解为若干个经过努力都可实现的阶段性目标，才有利于激发下属的积极性和创造力。领导者要善于把近期目标和长远目标结合起来，持续地调动下属的积极性，并把这种积极性维持在较高的水平上。

领导者在制订目标时，除了上述问题外，还应注意下面几点：目标必

开口就能说动人
——领导必知的沟通艺术

须是明确的,要干什么,达到什么程度,都要清清楚楚;目标必须是具体的,用什么办法去达到,什么时候达到,要明明白白;目标必须是实在的,要看得见,摸得着,经过努力可以实现,并且达到既定的标准。

所以,领导者不但要给下属订立出远大的目标,而且要学会把这个理想和实际工作结合起来,一步一个脚印,踏实前进。

为员工鼓劲,也是为自己鼓劲

鼓劲,代表了是一种毋庸置疑的意念,传达了力量、喝彩、鼓舞、奋进的内涵。

作为领导,应该学会在恰当的时候为员工鼓劲,同样也是给自己鼓劲。

某王爷的府中有个著名的厨师,其拿手好菜——烤鸭深受王府里众人的喜爱,尤其是王爷。不过王爷从没给予厨师任何鼓励,所以厨师整天闷闷不乐。

有一天,有客从远方来,王爷在府中设宴招待贵宾,点了好几道菜,其中一道是贵宾最喜爱吃的烤鸭。厨师奉命行事,然而当王爷挟了一条鸭腿给客人时,却找不到另一条鸭腿,他便问厨师:"鸭子另一条腿哪里去了?"

厨师说:"禀王爷,我们府里的鸭子都只有一条腿!"王爷感到很诧异,但碍于客人在场,不便问个究竟。

饭后,王爷跟着厨师到鸭笼去查看。时值夜晚,鸭子正在睡觉。每只鸭子都只露出一条腿。

厨师指着鸭子说:"王爷你看,府里的鸭子不都是一条腿吗?"

王爷听后大声拍手,鸭子被惊醒,都站了起来。

王爷说:"鸭子都是两条腿呀!"

厨师说:"对!不过,只有鼓掌拍手,鸭子才会有两条腿呀!"

鼓励和奖赏十分重要,它可以使员工感到工作的意义,得到尊重与满足。所以管理者必须懂得为员工鼓掌。鼓励的形式可以是一句肯定的话,一句真诚的赞美,一个善意的微笑,一道期待的目光……只要领导的鼓励是真诚的、发自内心的,员工就可以体会到,并且会由此而干劲十足。而当领导真诚地表扬和感谢员工时,不仅下属会觉得自己得到了尊重,领导者也会发现,在无形之中自己的精神也被鼓舞和振奋了。

对下属的工作予以肯定

不管是一句简单的"谢谢",还是一个贴心的动作,或是精心准备的庆祝会,都是正面的反馈,传递的信息就是"你做得很好""这很棒"等。

开口就能说动人
——领导必知的沟通艺术

生活中,说一声"谢谢"并不难,关键在于是否认识到说"谢谢"的价值和重要意义。

研究表明,领导对下属说"谢谢"十分重要。在对员工流动跳槽的调查中发现,员工选择离开最主要的原因之一,就是他们感到自己只得到了"十分有限的表扬与认可"。当被问到他们认为管理者应该改善哪项技能,才而使管理工作更有效时,员工纷纷将"对他人的能力和贡献给予认可和感谢"放在首位。

毫无疑问,人们都希望自己的能力被他人认可,而最想得到的精神奖励则是听到一声"谢谢"。领导者对下属表示欣赏,可以用致谢、表扬等简单的话语来传达,还可以运用一些肢体语言,比如做出"我很关心你和你在做的事"的手势。

不管是一句简单的"谢谢",还是一个贴心的动作,或是精心准备的庆祝会,都是正面的反馈,传递的信息就是"你做得很好""这很棒"等。所以说,管理者如果拒绝给员工正面反馈,其实就是对员工的一种打击,就是拒绝了更多的与员工沟通、一起获得成功的机会。

利用好胜心激发下属超越自我

成功的领导者应善于激发下属自我超越的欲望,因为这确实能够使人们振奋精神,接受挑战。

第六章　激励艺术：给下属打一剂"强心针"

艾尔·史密斯曾任美国纽约州州长，他在任期间，曾经成功地使用好胜心创造了一个奇迹。

一次，史密斯需要一位强有力的铁腕人物去管理臭名昭著的辛辛监狱，那里缺一名看守长。这可是件棘手的事。

经过一番斟酌，史密斯选定了刘易斯·劳斯。

"去管理辛辛监狱怎么样？"史密斯轻松地问被召见的劳斯，"那里需要一个有经验的人去做看守长。"

劳斯大吃一惊，他知道这项任务的艰巨。他不得不考虑自己的前途，考虑这是否值得冒险。

史密斯见他犹豫不决，便往椅背上一靠，笑道："害怕了？年轻人，我不怪你，这本就是个困难的岗位，它需要一个重要人物挑起担子干下去。"

这句话激起了劳斯的好胜心，他最终接受了挑战，并在辛辛监狱待了下去。

后来，劳斯对监狱管理进行了改革，帮助罪犯重新做人，成了当时最负盛名的看守长，他创造了奇迹。而这奇迹本身，也可说是史密斯巧妙利用了好胜心，激发下属的潜能而创造的。

好胜和接受挑战是人的天性。其实，有许多工作，只要领导善于激励，下属一定会以最大的热情去做，并把事情做好。所以，领导者的一大使命就是用激发下属自我超越的欲望。

通过赞扬激励下属发奋工作

赞扬可以改变一个人,可以有效地激励他人,赞扬是催人向上的动力。

作为一名领导者,必须多看下属的长处,予以表扬,并创造良好的条件让他充分发挥长处。

让我们来看一个故事:

某企业有一位部门经理,最近部门调来一个名叫李杰的人,别人对李杰的评语是:"时常迟到,喜欢早退,以自我为中心,工作不努力。"最初,这位经理向公司建议调李杰到其他部门去,但领导没有改变决定,希望经理好好指导李杰。

这一天,李杰又迟到了5分钟,中午提前5分钟离开办公室去吃饭,下班铃声前的10分钟,他已准备好下班了。

经理观察了一段时间,发现李杰缺乏时间观念,平时习惯独自工作,极少与同事打交道。但仔细观察李杰的工作状况,经理发觉他的效率很高,超过一般标准,而且业务精良,他制出的成品在质监部门都能顺利通过。

经理对李杰迟到早退未置一词,只是微笑着跟李杰打招呼,对李杰中午提前去吃饭也从未有过异议,这反而使李杰觉得过意不去。

第六章 激励艺术：给下属打一剂"强心针"

李杰心想："王经理为什么对我从无异议？要是过去的经理早就对我大发雷霆了，至少会斥责几句。"

感到不安的李杰，终于决定在第三周星期一准时上班，站在门口的经理看到他，以更愉快的语气和李杰打招呼，然后对李杰说："谢谢你今天准时上班，我一直期待这一天。这段日子以来，你的成绩很好，真是一流的技术人才，工作速度方面，可以算是单位的冠军呢。如果你继续努力，一定会得优秀奖。我发现你才能出众，希望你能发挥潜力，但为了你的前途考虑，我觉得你应遵守纪律。"

这天之后，李杰并没有立刻改掉所有的缺点，但在遵守上下班时间和调整工作情绪方面大有改观，和以前相比，几乎判若两人。

那些被自卑感打倒的人，那些谨小慎微、胡乱猜疑的人，往往是因为他们在少年时代缺少赞扬。赞扬对于灵魂而言就像阳光，没有它，人的自信就无法开花结果。

如果领导善于发现下属身上的优点，并加以赞扬，就能激励下属发奋工作；而下属努力地工作，也会让领导有所收获。

巧用激将法

领导适当地对下属使用激将法，就会发现自己员工的工作效率大大提

开口就能说动人
——领导必知的沟通艺术

高,自信心和工作热情高涨,工作业绩也更好。

激将法是指掌握被激励者的心理,狠狠地泼上一盆冷水,狠狠打击一下他的情绪。这样,被激励者往往会在愤怒之下迸发出本身拥有但是一直隐藏着的力量,激将法其实是一种反向的激励。

赵先生是一位成功人士,有一次在演讲时,他回忆起自己的成长经历,充满深情地提到以前的一位老师,很感慨地说:"如果当年没有听到老师讲的话,可能就没有自己的今天。"听众们都在猜测,那位老师当年讲的可能是很有鼓动性的话语,哪知事实却出乎意料。

赵先生说,自己从小调皮捣蛋,无心学习,整天打架,总之是顽劣成性,没有哪个老师能把他驯服。后来有一位老师当了他的班主任,在一次他把邻班同学的头打破以后,老师怒气冲冲地对他说:"我看你确实是扶不起来的阿斗,没有什么出息,如果你以后能有点出息,那真是太阳从西边出来了。就算让我把手指头剁了,也不相信你能干出点什么。"

赵先生说,老师的话对年少的他刺激很大,他没想到老师会从心底里瞧不起自己,认为自己不会有出息。于是,他决心改掉所有的恶习,好好学习。最后,他终于成就一番事业。直到那时,他才明白老师话中真正的含义。

这是一个典型的使用"激将法"的例子。三国时期的诸葛亮也十分善于运用激将法。在马超率兵来犯时,张飞请令出战,诸葛亮却故意说:"马超世代簪缨,勇猛无比,在渭水把曹操杀得大败,看来只有调关羽回

第六章 激励艺术：给下属打一剂"强心针"

来才行。"这一下激恼了张飞，他立下军令状，出战马超，并且在战场上奋勇杀敌，最终使马超投降。这个故事里张飞的确勇猛，但诸葛亮高明的激将法也起了重要的作用。

作为一名领导，每时每刻都有与员工接触的机会。有时领导发现自己的某位员工业绩突出，却因为多次出色完成任务而沾沾自喜，甚至有些飘飘然，所以无论对上司还是对同事，都不怎么礼貌，这时领导就应该适当地刺激该员工一下。例如可以对他说："我觉得与你一起工作的小李十分出色，上次完成任务也有他的一份功劳。而且小李一直十分勤劳，人缘也好，你可得加紧努力啊！"这样的话语既可以让对方感觉到压力，从而收敛得意的情绪，又能激发对方的上进心，从而让他更加投入地工作。

当然，使用"激将法"还要考虑员工的心理承受能力以及本身的性格特点。如果员工心理承受能力较差，运用激将法就不合适，因为不但无法收到预期效果，而且会打击员工的积极性，甚至可能让他从此一蹶不振。那么，对哪些员工使用激将法更有效呢？

对待不思进取的下属使用激将法

有些人能力强，精力充沛，却容易满足于现状，所以毫无压力、不思进取，工作上也没有什么出色的成绩。对于这种人，领导应该经常刺激他，并且尝试把一些重要工作交给他完成。这样一来，不仅使他发挥了潜力，提高了工作效率，而且也让他获得了某种成就感与认同感，从而更加热爱工作。

对待自卑的员工使用激将法

有些员工十分自卑，总怕自己干不好工作，但实际上却很有潜力。这时如果运用激将法，可能会让他们对自己更加怀疑。

开口就能说动人
——领导必知的沟通艺术

　　对待这样的员工,领导者可以采取"演双簧"的方式,找另外一个领导配合,这个人唱红脸,那个人唱白脸,一唱一和地来进行激励,效果会更好。

　　比如,作为管理者,你要批评一名年轻的新员工。如果自己选择唱白脸,则对员工说话应该严厉一些,不要留太多情面。随后安排扮"红脸"的人上场,在自己批评完下属之后,扮"红脸"的领导去找下属,扮演一个较为和善的角色,可以这么告诉下属:"其实领导是好心,他不是真的想批评你,只是想激励你。说真的,他一直非常欣赏你,觉得你无论是工作能力还是工作态度都很不错,希望你一直保持下去,有更好的发挥,所以才用这样的方式对待你。"

　　如此一来,员工就会领会领导的好意及对他的期望,虽然挨了批评,但心里也不会不高兴,同时也领悟到了领导施加给自己的压力,从而会更加认真、更加自信地工作,领导激励员工的目的也达到了。

　　需要注意的是,在这种场合下,唱"红脸"的人其实是主角,在激励员工方面的作用最重要。但千万要确定这个唱"红脸"的人非常可靠,绝对不能让他夸大其词或是信口开河,如果他在员工面前、领导背后反过来说领导的坏话,后果是难以想象的。

第七章 安抚艺术:最大限度地照顾对方的情绪

人人都会遇到不开心的事,都有脆弱的一面。作为一位领导,不仅要调节自己的情绪,更要经常安抚遇到不顺心事情的下属。安抚也是一门艺术,需要领导者掌握恰当的语言技巧,并灵活运用。

第七章 安抚艺术：最大限度地照顾对方的情绪

安抚是领导者应尽的责任

中华民族一向重情重义。"患难见真情"、"雪中送炭"等都是说要给不幸者以安抚，这是一种珍贵的美德。

当下属遭遇不幸时，及时给予真诚的安抚是领导应尽的责任。倘若下属身患重病，领导在表示关怀时应避免过多地谈论病情，应该多谈谈病人感兴趣的事情，达到转移对方注意力的效果，从而减轻精神负担。而且还要尽量多谈与对方有关的喜事和好消息，使他保持精神愉快，这样更有利于恢复健康。

如果下属因家庭出身或身体缺陷而被人歧视，领导在安慰时就应多讲些类似情况的成功人士的事迹，鼓励下属不向命运屈服，坚信只要自己努力奋斗，充分发挥主观能动性，就能够赢得人生的幸福，实现人生的价值。

若是下属面临事业上的不如意或失败，领导需要做的就是对其强烈的事业心给予理解和支持。这个时候，理解和鼓励是十分有效的安抚方式。领导不必设法劝慰对方忘掉忧愁，更不要说服对方随波逐流，放弃他的理

想、追求,最好的安慰就是帮助对方总结经验教训,分析有利和不利的因素,克服消极的情绪,重新树立人生的信心,共同探讨通向事业顶峰的道路和方法。

将心比心,真诚地说话

虽然没有经历对方的遭遇,但也要尽量对他们的遭遇做到换位思考、感同身受,这样才能说出温暖人心的话语。

对大多数人而言,目睹别人的伤痛本身就是一件很痛苦的事,所以人们会不自觉地去安抚痛苦的人,想采取某些行动使对方立即摆脱痛苦。

有些人为了避免说错话,宁可什么都不说,因此错失了关心他人的机会。其实只要将心比心、设身处地、真诚地说话,就能自然而然达到"治疗效果"。

用心聆听

聆听不是保持沉默,而是用心倾听对方说了什么,体会其中的深意。此刻,聆听者要把自己内心的声音抛在一边,放弃思考如何响应对方、如何接话,等等,专注于他人的倾诉。

适时停顿

在谈话之前,领导必须提醒自己,避免机械似的回应,做到适时停顿。

第七章 安抚艺术：最大限度地照顾对方的情绪

例如，想快速平复对方的不安，可以直接跳到采取行动的阶段——说些或做些对对方有益的事。安慰的艺术在于"在适当的时机，说适当的话"。如果什么话都不说，就无法达到安慰别人的效果；如果没有停顿，就可能说出让自己后悔的话。

给予肯定和安慰

给予安慰并不是单纯地告诉下属"你应该如何"或"你不应该如何"。

安慰一个人，不是剥夺和否定他们感受和保持这种真情实感的权利。大多数人在情绪激动时候，都无法控制自己，无论是喜悦还是悲伤。安慰他们，不要对他人感觉的对错与否做判断，因为他人此刻正被某种情绪笼罩着，需要的是安抚而不是指手画脚。

所以安慰一个人，需要做的是肯定他们产生情绪的理由，给予他们空间去表达自己的情感，认可他们所产生的感觉。然后才是逐渐地深入问题的核心，和他们一起分享经历、分析原因、通过交流来化解心结，才可以达到良好的安慰效果。千万不要想当然地否定对方的想法，那样做毫无意义。

做到感同身受

当人们试图安慰和帮助别人的时候，反而往往会忽略和忘记他人真正的想法和心情，别人会察觉到我们内心那些没有说出来的想法。在安慰别人时，别人也会不自觉地观察和考虑我们是否真诚，是否对他们的问题做出了正确的判断，或者是否真的为他们感到难过。而这些观察和思考会直接影响到被安慰者是否相信安慰者，是否愿意接受对方的安慰与帮助。

所以，安慰对方必须要做到的一点就是虽然没有经历对方的遭遇，但

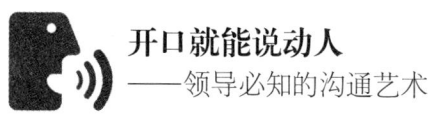

开口就能说动人
——领导必知的沟通艺术

是也要尽量对他们的遭遇做到换位思考、感同身受,这样才能说出温暖人心的话语。

善用同情心

虽然在安慰他人的时候最好做到感同身受,但是其实就算我们有过类似的经历,也无法完全地了解别人此时此刻的感受,因为感觉是不能复制的。

所以,在揣摩他人心理的同时,领导必须充分发掘并善于利用自己的同情心去关怀对方。领导应该做到耐心听完别人的陈述、抱怨甚至是发火,对他的经历表示同情,再看看该如何和对方分享自己的经历和想法。就算是经历不尽相同,也要对对方表示出最大的善意和支持。

讲出自己的感受

不论面对的是什么状况,都不必窘迫,不妨让被帮助的人知道帮助者本身的感觉,甚至可以老实地告诉别人:"我确实无法体会你的感觉,也不知道自己该说什么,但我真的很关心你。"

可能这样的表达太过直白,但毕竟可以让对方明白。

提供实用的资源

无须帮别人找到所有问题的答案,但可以尽力提供可以利用的资源,如朋友、专家,甚至朋友的朋友,来帮助对方找到答案。可以为对方打几个电话,提供人脉;也可以找相关的书籍推荐他们阅读;或是干脆提供一个"避风港",让他们得以平静地寻找自己的答案。

设身处地、主动帮忙

当我们问:"有没有我可以帮忙的地方?"有时候有答案,有时候对方也不知道自己到底需要什么样的帮助。然而,人们有时会对自己真正

第七章 安抚艺术：最大限度地照顾对方的情绪

的需要开不了口。设身处地去考量他们可能需要的帮助，是有效助人的第一步。

根据对方的心理，给予最贴心的抚慰

最好的安慰者，是放下自己，走入对方的内心世界，以他人的心情和立场去体会他人的遭遇，不妄加评判，才能给他人有效的安慰。

身边的人伤心难过时，很多人只会反复地说"坚强一点儿"，或是一味地批评对方"我早就说过……"其实这些做法不仅无法安慰别人，还会使对方更加伤心。所以，安慰人也要讲究心理技巧，要根据对方的心理活动，给予最贴心的抚慰。

倾听对方的苦恼

因为每个人的生活经历、家庭背景及接受的教育不同，导致每个人的价值观以及看待事物的角度不同。同一件事，可能一个人觉得苦恼，另一个人却觉得无所谓，可以淡然处之，所以说，每个人对于苦恼的理解其实也是不同的。所以说在试图安慰一个人之前，首先要做的，就是抛开自己的想法，尝试去理解别人的苦恼。

安慰人的时候，可以肯定的一点是听比说重要。

沮丧、悲伤或是愤怒的心灵，都需要温柔聆听的耳朵，首先要听对方

开口就能说动人
——领导必知的沟通艺术

倾诉和抱怨,其次才要动用自己逻辑清晰的大脑,用聪明才智来分析问题、解决问题。

聆听,要求我们用耳朵和心灵去听对方的声音,把握事情的原委,而不要急着追问前因后果、谁对谁错,也不要急于做出判断。聆听实际上就是给对方发泄的空间,让他为憋在心里的话和压抑的情绪找到一个出口,找到一个人,能够自由地倾诉,自由地表达。

走进对方的世界

安慰人最大的困难是安慰者无法理解、体会和认同当事人的苦恼。人们时常无法避免地将苦恼定义在自我所能理解的范围中,这是"自我"所带来的局限性。而一旦超出范围,苦恼就变得难以想象。

如果对他人的苦恼不以为然,迫不及待地提出自己的见解,会使安慰者在倾听过程中产生抗拒感,反而无法安慰别人,让情况恶化。所以,安慰者必须暂时放弃自己根深蒂固的观念,真正站在对方的角度去看问题。

"放下自己的世界,接受别人的世界"说的就是这个道理。而最好的安慰者,则是放下自己,走入对方的内心世界。以他人的心情和立场去体会他人的遭遇,不妄加评判,才能给他人有效的安慰。

探索对方走过的路

安慰者常觉得自己有义务提出解决办法,但其实每个被苦恼折磨的人几乎都有过不断尝试和失败的经历。所以,探索对方走过的路,了解对方的经历,也是一种有效的安慰。

心理专家提醒安慰者一个重要原则是:"安慰不等于治疗。治疗的目的是使人远离苦恼;而安慰则是肯定苦恼、进而度过苦恼的一种尝试。"实际上,在安慰人的过程中,不加干预、不给建议、侧重倾听与了解是最

第七章 安抚艺术：最大限度地照顾对方的情绪

高的原则。

此外，陪对方经历低谷也是一种安慰。他人会在你的陪伴下，觉得安全、温暖，于是向你倾诉痛苦。而当他经历完心情的风暴后，内心逐渐平静，能坦然面对厄运时，会真心感谢你的陪伴。

安慰时要注意措辞

安慰别人也是一门学问，领导在安慰他人的时候，必须善于措辞，知道怎么表达。

在下属最需要情感帮助的时候，领导必须及时给予安慰，否则安慰就失去了意义。

而安慰的话怎么说，说得怎么样，会直接影响安慰的效果。

所以说，安慰别人也是一门学问，领导在安慰他人的时候，必须善于措辞，要知道怎么表达，必须表达得体。

具体来讲，安慰他人可以从以下几个方面着手：

摸清对方烦恼的原委

如果想让安慰的话语真正说到对方心坎里，说到点子上，首先要弄清楚的就是对方因为什么而苦恼。这样，安慰才能有的放矢。

开口就能说动人
——领导必知的沟通艺术

给予具体的帮助和实在的鼓励

当别人遇到困难的时候,无关痛痒的安慰说起来很容易,可没有任何实际的价值,也起不到打动别人、安慰别人的效果。

了解对方的性格特点

要说对安慰的话,就要做到说的话因人而异。

安慰别人要看对象,要看人说话,对温柔内向的人,在安慰的时候也要使用温和的话语;而对那些雷厉风行、大大咧咧的豪爽的人,安慰时候则可以同样以豪爽的方式表达,这样更对他们的胃口。总之,只有看准了对象的特点,安慰才能恰如其分,才能奏效。

充分运用肢体语言

有一位歌唱比赛的评委,每当看到参赛者挑战失败落选时,除了说一些肯定和鼓励的话语外,还总是会轻轻地拍拍落选者的肩膀,然后用鼓励的眼神传达自己的安慰之情。

安慰不仅仅靠语言,语言之外还有许多无声的安慰,比如眼神或动作都可以传达出感情。

安慰是深表同情,而非怜悯

同情的话语有劝慰也有鼓励,语气低沉严肃又不乏力量,而怜悯的话语只含有悲伤和失落,仿佛只是在重复对方的痛苦。

第七章 安抚艺术：最大限度地照顾对方的情绪

同情就是在别人遭遇挫折、心情低落的时候，做到设身处地、将心比心、感同身受，把他人的不幸当成自己的不幸，产生情感上的共鸣，在平等的立场上给对方以精神上、道义上的双重支持，并分担对方的痛苦。

有时，同情和鼓励也可以包含敬佩、敬爱之情。同情是一种饱含着善意的心理。而与之相反，怜悯则不是基于平等的基础上而进行的思想交流，而是上对下、尊对卑、富对贫、强者对弱者、胜者对败者、幸运者对不幸者的感情施舍。

同情的话语应该有劝慰也有鼓励，语气应该低沉严肃而又不乏力量，但怜悯的话语，只含有悲伤和失落，仿佛只是在重复对方的痛苦。安慰是深表同情，而非怜悯。

对于事业心强、自尊心强的人，无论其遭受了多么严重的不幸，面临多么困窘的境地，对他们来说，怜悯都是一种变相的侮辱，只会刺伤他们的自尊心，激起反感和憎恨。所以在对他人进行安慰时，一定要注意自己的态度和言辞，不要说出伤害别人、雪上加霜的话语，在表达同情的时候也要给予充满力量的鼓励。这才是最恰当的做法，也只有这样，才能真正达到帮助别人的目的。

开口就能说动人
——领导必知的沟通艺术

善意的谎言可减轻不幸者的痛苦

> 善意的谎言对于感情脆弱、意志薄弱的不幸者尤其重要,因为其心灵已经伤痕累累、不堪重负。在这种特殊情况下,与其如实相告,还不如暂时隐瞒。

在一定的情境中,谎言也可以起到很好的安慰别人的作用。

离开了客观的条件、具体的时间和地点等因素,以绝对的好坏来衡量真话、谎话及其意义,反而会偏离判断是非的标准。善良的谎言有时胜过恶毒的真话。在安慰下属时,领导适时的谎言往往能发挥出意想不到的效果。

安慰别人时使用善意的谎言,其用心和出发点是好的——为了减轻不幸者的精神痛苦,帮助其鼓起面对生活的勇气,而当事人知道了真相以后,不但不会埋怨,还会充满感激。就算当时半信半疑,甚至明知是谎话,通情达理的人仍会感到温暖和宽慰,因为他知道自己是被关怀与爱护的,而不是被欺骗和伤害的。

善意的谎言对于感情脆弱、意志薄弱的不幸者尤其重要,因为其心灵已经伤痕累累、不堪重负。如实地将残酷的噩耗或境况讲出来,对方有可能因承受不住而一蹶不振。所以,在这种特殊情况下,与其如实相告,还

第七章 安抚艺术：最大限度地照顾对方的情绪

不如暂时隐瞒。

当然，作为领导者应该明确，在实际的管理工作中，真话还是占主导地位的，只有在特定的情况下或没有其他选择的时候，才可以用善意的谎言安慰他人。

第八章　说服艺术：让下属心悦诚服

工作中经常发生这样的事，本来领导的观点是正确的，但就是无法说服下属，有时还会被下属驳得哑口无言。这是为什么呢？心理学家认为，要让别人赞同自己的观点，仅靠正确的观点还不够，还要掌握说服对方的技巧。

第八章 说服艺术：让下属心悦诚服

先了解，再说服

领导在开始说服下属之前，必须设法了解下属当时的思想动态和情绪，这是决定说服的成败的一个重要的因素。

作为领导，工作时常会碰到下属间争执的情况，双方只顾发表自己的意见，出现"公说公有理，婆说婆有理"的局面。这时作为领导，应该知道，每个人看问题的方式都是长期形成的，与性格、经历、教育背景等都有着密切的关系。

领导应该摒弃狭隘心理，否则无法说服他人，还很容易不自觉地陷入盲目的境地，如同拳击手只挥舞拳头，却没把拳头打到对方身上一样。

想要说服他人，必须做到以下几点：

了解对方的性格

不同性格的人接受他人意见的方式也是不同的。

了解了对方的性格，就可以按照他的性格有针对性地开始说服。

比如，诸葛亮针对张飞暴烈好胜的性格，常使用"激将法"，但又怕张飞酒后误事，于是激他立下军令状；而针对关羽自负、不肯让人的性

开口就能说动人
——领导必知的沟通艺术

格,则使用的是"推崇法"。

了解对方的长处

一个人的兴趣点往往就在他最熟悉、最了解的领域,领导在说服下属的时候,可以从对方感兴趣的点入手。

因为谈论对方擅长的领域,双方容易谈到一起去,谈论起来也容易理解,更容易说服下属。领导可以将下属的长处作为说服对方的有力根据,如对善于交际的人,分配他做供销工作时,领导可以说"你在这方面富有才能""这是发挥你潜力的最好机会"。这样说既有理有据,又能表明领导者的信任。

了解对方的兴趣

有人喜欢绘画,有人喜欢音乐,还有人喜欢下棋、养鸟、集邮、书法,人们都喜欢谈论自己最感兴趣的事物。所以,可以从对方感兴趣的话题入手,打开话匣子,再对下属进行说服,比较容易达到说服的目的。

了解当时的情绪

一般来说,影响情绪的因素有如下三点:一是谈话前,对方因其他事而造成的情绪仍在起作用;二是谈话时,对方的注意力集中在别的事情上;三是对方对说服者怀有的看法和态度。

所以,领导在开始说服下属之前,必须设法了解下属当时的思想动态和情绪,这是决定说服的成败的一个重要的因素。不要像庸医一样,还没弄清楚病人的症结所在,就乱开方子,不仅根本无法达到治病的效果,还可能适得其反。

第八章 说服艺术:让下属心悦诚服

采用有效的方法让人心服

要说服别人听从自己的领导,必须拥有说服别人的欲望。

说服他人最好的结果是双赢,但说服者要让对方明白这一点却不是一件容易的事。

一个说服者首先应有说服他人的欲望,其次要具备说服他人的信心,最后要掌握说服他人的方法。具备这三条,就算是"刀枪不入"的人,也会被说服的。

在这三点中,最关键的是说服他人的方法。有效的说服方法可以让人心悦诚服地接受自己的观点,达到说服的目的。

意识先于行动

有句老话是这样说的:"我们首先应该思考自己能做什么,然后冉真正地去做。"说服他人也是如此,首先要有说服的意识,思想应先于人的行动。行动之前不思考,失败的概率就会增加。要说服他人,首先要拥有说服对方的自信,相信自己有这个能力。

美国发明家爱迪生说:"世上没有什么比欲望更能使人敏锐。"美国演说家温德尔·菲利普斯也说过:"欲望会唤醒一个人的理智,欲望越尖锐,越能使一个人趋向成熟。"要说服别人听从自己的领导,必须拥有说

开口就能说动人
——领导必知的沟通艺术

服别人的欲望。

说服别人要先说服自己

意志和欲望决定了动机,有了动机之后应具备说服他人的信心。信心和勇气直接决定着说服是否会成功。说服别人首先要说服自己,因为说服自己往往比说服别人更难。一定要说服自己,自己绝对会成功。

说服别人当然不是轻而易举就可以办到的,但就算遇上比较难缠的人,也要尽力试一试。

站在对方的立场上

站在对方的立场上,设身处地考虑对方的想法,是很重要的。说服不能急功近利,也不能有私心杂念。说服别人就是要说理,晓之以理,动之以情,要满怀真情地向对方说明道理。

世界上没有完全不讲道理的人。别人拒绝被说服,那可能是我们这一方没有道理,或是有道理却没有说清楚。后一种情况很好办,就是学会讲道理,把道理说清楚就可以了。

引导对方接受你的观点

正面讲道理一时讲不通,不妨旁敲侧击,剥茧抽丝,逐步引导,层层深入,最后达到目的。

引导对方接受自己的观点，主要有以下几个方法：

摆事实，讲道理

道理越深刻，越要用事实来说明，否则会因为缺乏感性的体验，影响他人对道理的认同和理解。用事实讲道理，还可以避免说大话、空话、套话，联系实际把道理讲实在。

激发兴趣

找到兴趣点，可以启发对方共同思考，还能创造一种平等和谐的气氛，使人觉得你不是在灌输道理，而是在探讨问题。这种方法是变被动为主动，让当事人自己反思，让"系铃人"自己"解铃"。

旁敲侧击

正面讲道理一时讲不通，不妨旁敲侧击，剥茧抽丝，逐步引导，层层深入，最后达到目的。有时也可借题发挥，使出"醉翁之意不在酒"这一招，使对方在惊讶的同时接受你的观点。

寓情于理

在说服时少讲大道理，教育对象并非不接受道理本身，而是在情感上很难接受讲大道理的人。这时候，就要求讲道理的人要善于反省自己令对方反感的地方，及时克服和纠正。尤其是当对方抵触和反感情绪较大时，更要以诚相待，要在尊重、关心对方的基础上讲道理，或是等其情绪平复时再进行说服。

大锅小灶

"大锅饭不香"，在大课堂上和公共场所讲大道理，受环境、气氛影响，很多人可能听不进去。所以开"小灶"就很重要，选择恰当的场合，与对方真诚平等地谈心交流，可以取得很好的说服效果。

开口就能说动人
——领导必知的沟通艺术

适可而止

话讲得啰唆就容易让人厌烦。有些人翻来覆去地讲一个道理,效果适得其反。正确的做法是视实际情况、针对实际问题和对象把握好要讲的内容,留下充足的时间,让对方去思考,去领悟和消化。

委婉地表达你的想法

同样一个主题,不同人有不同的说法,不同的说法有不同的效果。

作为领导,要想说服别人,不要以为抱着真诚的态度便可以不拘小节,必须知道怎么委婉地表达你的想法,要设身处地地从他人的角度想问题。

1940年,处于前线的英国已经无钱从美国购买军用物资,一些美国人便想放弃支援英国,看不到唇亡齿寒的严重后果。

罗斯福总统在记者招待会上宣传《租借法》,想说服他们,为国会通过此法成功地制造舆论氛围。在那次演讲中,罗斯福并未直接指责这些人目光短浅,而是妙语连珠,以理服人。他用通俗易懂的比喻,把道理讲得深入浅出,贴近人心,使人不得不服:"假如在四五百英尺(1英尺约等于0.3米)以外,我的邻居家失火了,而我有一截浇花园的水龙带,要是给邻居拿去接上水龙头,就可能帮他立刻把火灭掉,火势就不会蔓延到我家里。这时,我该怎么办呢?我总不能在救火前对他说:'朋友,这管子我花了15美元,你要照价付钱。'如果这时候邻居刚好没钱,那么我该怎么办?我不应当要他的15美元。我要他在灭火之后还我水龙带,如果火灭了,水龙带还好好的,那他就会连声道谢,原物奉还;假如他把水龙带弄坏了,答应照赔不误,我拿回来的就是一条新的浇花园的水龙带,那我也不吃亏。"

说服人时如果毫无顾忌指出对方的错误,对方常常会竭力为自己辩护,因此最好用间接的方式,让他了解自己应改进的地方,从而达到说服的目的。

共同商量达成一致

当下属有不同观点时,诚恳地说:"我们意见有不同,那就一起想出大家都满意的方法,想出对工作最有利的策略。"

找出"双方都愿意"的可行性是说服的关键,努力寻找交集,拓展思维,而不是"制造敌人"。必须认清双方的不同不意味敌对,所以切忌心存"打倒对方"的偏激想法。

开口就能说动人
—— 领导必知的沟通艺术

除此之外，说服他人其实也是优化人际关系的良机。一个成熟的领导者，会把分歧当作人际关系"重组"的信号，抓住调整关系的契机。

强调彼此的一致性

下属与领导的观点存在分歧时，如果领导直接否定和贬损下属，久而久之，领导就会成为真正的孤家寡人。

正确的做法是当下属有不同观点时，领导诚恳地说："我们意见不同，那就一起想出大家都满意的方法，想出对工作最有利的策略。"话语中，强调的是"我们"，而不是对立的"你""我"，这种充满诚意的表达，可以很好地促进问题的解决。

分歧是了解的契机

有分歧时，领导必须明确，下属是在寻求问题的答案，还是在借机发泄个人对公司的不满、牢骚，或纯粹是为鸡毛蒜皮的小事无理取闹，等等。

"分歧，就是了解的契机。"所以出现分歧时其实是领导了解下属想法的好时机，领导可以借此加深对下属的了解。

强调人性化的互动

遇到观点差异时，一定要强调人性化的互动，而不是用权威使他人屈服。赢得一时的争论，却换得以后共事时见面的痛苦，这没有任何好处。任何协商都不能只为一吐为快，为所欲为，解决问题才是关键。

第八章 说服艺术：让下属心悦诚服

博取信任，让下属心悦诚服

任何一件事情，如果光强调好的一面，就会引起潜在的不信任，而运用正话反说的方法，有时更容易取得对方的信任。

有时候，领导说服下属并不困难，但要在说服中博取对方的信任、让人心悦诚服，却并非易事。

让我们来看一个关于富兰克林的故事：

美国国会在费城举行宪法会议，赞成派和反对派讨论得相当激烈，出席者的言辞都非常尖锐，后来讨论甚至演变成人身攻击。

这时，持赞成意见的富兰克林，适时发表了具有说服力的演说，使会议勉强形成了统一意见。但很明显的是，反对派尽管在富兰克林的演说中保持了沉默，却绝口不提赞成两字。

富兰克林知道虽然基本说服了反对派，使宪法得以通过，但同时也失去了他们对自己的信任。于是，演说完毕，他面对反对派的沉默，不慌不忙地对他们说："老实说，对这部宪法我并非完全赞成。"

这句话一说出口，会场顿时热闹起来，仿佛回到了刚开始的争执阶段，反对派人士不禁感到怀疑：富兰克林既然是赞成派，为什么不完全赞

开口就能说动人
——领导必知的沟通艺术

成宪法呢?

富兰克林停了一会儿,才继续说:"我对于这部宪法并不完全有信心,出席会议的各位,也许对于细则还有些异议。但不瞒各位,我此时也和你们一样,对这部宪法是否正确抱有怀疑态度,我就是在这种心情下签署宪法的。"

富兰克林这番话,使得反对派的不信任情绪平静下来,美国的宪法终于顺利通过。

任何一件事情,如果只强调好的一面,那么对方对你所说的话,就会引起潜在的不信任。为了让对方相信自己,不妨正话反说,用这种方法取得对方的信任。

适度地接受他人的意见

过分强调自己的需求,会打击别人的积极性;只有适度地接受他人的意见,才会让别人改变态度。

汽车大王福特曾说:"我从我自己以及他人的经验中得出结论,如果说成功是有秘诀的话,那么这所谓的秘诀就在'把握他人的观点,站在他人的角度,去审视一切事情'的能力中。"

第八章 说服艺术：让下属心悦诚服

美国电气总公司董事长欧文也曾说："能够为别人设身处地想一想的人，能够了解别人心理的人，是永远不必为自己的前程着急的。"

帕伯是卡内基的桥梁公司的一位股东，他对卡内基的一切事业都非常妒忌，因此常常在股东会议上就各种问题与卡内基争论。有一次，帕伯为了一份合同而埋怨卡内基的弟弟，他以为那份合同抄错了。

帕伯埋怨地说："价目表上注明是实价，可当交易成功的时候，却一点也没有说到这'实价'的事。我要弄明白这'实价'两个字是什么意思。"卡内基的弟弟说："哦，帕伯，这就是说不能再加什么钱了。"帕伯听了无话可说。

有许多事情都需要这样去应对。如果卡内基的弟弟这样解释："实价就是不打折扣。"那说不定会引起一场争论。卡内基的弟弟只是以帕伯能了解的方法去迎合他的意志而已。

尊重并认可别人的观点，是与他人合作的最有力的法宝。如果过分强调自己的需求，就会打击别人的积极性，这一点人们常常忘记。只有适度地接受他人的意见，才会让别人重新考虑，改变态度。

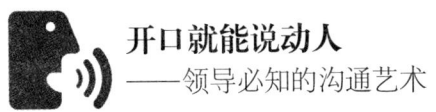

开口就能说动人
——领导必知的沟通艺术

不要轻易说"你错了"

人人都有自我保护的本能,都忌讳别人直接指出自己的错误。所以在劝说别人的时候,就要多加注意,不要轻易让"你错了"这句话直接说出口。

希望通过说服的方式改变他人的态度,实际上就是认为他人的态度不符合自己的要求。换句话说,之所以要说服别人,是因为认为他人的态度不好,甚至是错的。即便如此,也要切记:在劝说对方时,不要率直地说"你错了"或"你不应该有这种态度"之类的话。这样说改变不了对方的态度,还会弄巧成拙,招致对方的反感,甚至产生敌对情绪。

人们一般都有肯定自己的心理,渴望自己为别人所承认,并确信自己的态度和行为合理。如果在劝说时不照顾下属的自尊心,直截了当地说"你错了",等于完全否定了对方,只能伤害对方的自尊心,使他感到丢失面子,丧失尊严,为此,他肯定会找种种理由为自己辩护,而拒绝被说服。

这就是说,人人都有自我保护的本能,都忌讳别人直接指出自己的错误。所以在劝说别人的时候,就要多加注意,不要轻易让"你错了"这句话直接说出口,更不要强迫别人当面认错,必须采取温和委婉的形式。

比如,刚开始交谈时说:"我有一个不太成熟的想法,请你帮我分析分析,看看可行不可行?"这样,对方觉得被尊重了,也对问题产生了好奇,就会不知不觉地参与讨论。在讨论的过程中,就可以借机推销你的想法。

总之,在说服别人时,一定要维护对方的脸面,保护他的尊严。过分直率地指出对方的错误等于剥夺了对方的尊严,撕破了脸面,就算再怎么努力,都难以实现说服的目标。

说服要注意的几个要点

不充分的说服,会失去说服力;不得要领的要求,无法正确地执行。

任何人都希望轻松说服他人,担任领导职务的人,更是如此。但一个人是否有说服力,并不完全取决于他是否能言善道,也取决于他能否在适当的时候说适当的话。

多倾听对方的想法

不考虑对方,只谈论自己的理论,不但无法打动对方,反而会使对方疏远。

大多数人都希望自己是说服者,不喜欢被人说服。因此,与其自己先发言,倒不如先听对方说,给予对方发言的机会,从谈话中了解对方,缓

开口就能说动人
——领导必知的沟通艺术

和他的紧张情绪,使他对你产生亲切感。

措辞要合理

不充分的说服,会失去说服力;不得要领的要求,无法正确地执行。领导对下属有期望,希望下属按照要求执行时,必须以合理的措辞使对方正确了解。在很多时候,执行命令的人稀里糊涂,并没有把握领导的真正意图。

调动对方的聪明才智

领导在做说服工作时可以先把事情的来龙去脉告知对方,对方了解情况后,才愿意照着指示做。这样的说服能强化对方做事的意愿。毕竟了解了情况,做起事来就容易。同时,领导在指示对方的过程中,也要经常参考对方的意见,提高对方的自信和参与意识,这才能被称为周密的说服。

建立信任

说服他人时,很可能引起对方的警觉,甚至受到对方的排斥。所以建立信任非常重要。

有的人"用人朝前,不用人朝后",这种做法是错误的,只想为了自己方便而操纵对方是行不通的。做到有意地与人交流,保持相互信任的关系,是说服必不可少的条件。信任的关系建立在平常的工作与生活中,只有得到他人认同,才能建立信任。如果领导能做到这些,就能发现说服的乐趣。

第八章 说服艺术：让下属心悦诚服

提出忠告更容易赢得信服

领导者在对下属进行说服时，除了晓之以理、动之以情外，如果发现下属的缺点，采取合适的方法提出善意的批评，指出对方的不足，并提出忠告，往往更容易赢得信服和爱戴。

忠告首先应该是出于对下属真心诚意的关怀。当领导对某人提出批评时，如果对方发现领导并不是出于关心他才批评他，而是出于领导的个人原因和意图，他马上会站到警惕和敌对的立场上。

其次，忠告和批评应该注意措辞。明确地指出下属应该改善的地方，其实是不会得罪别人的。

对别人提出忠告时，应抱着体谅的心态。诚然，下属在某些方面做得不好，但是可能他有难言的苦衷。所以在提出忠告的同时，还要体谅对方的难处，不要一味地苛责或强求。必要的时候领导要触及员工的内心，帮助他彻底地解除心病和困难。

要注意，切忌在大庭广众之下提出忠告和批评。因为这个时候必然涉及员工的短处、伤疤甚至是隐私。每个人都有自尊心，被当众揭短时，很容易下不了台，自尊心会受到伤害，很容易产生抵触情绪。这样一来，即使领导是善意的，下属也会认为领导是在故意刁难，让自己当众出洋相。

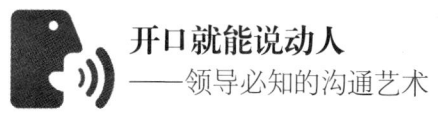
开口就能说动人
——领导必知的沟通艺术

而且提出忠告要给对方留余地,不要把人说得一无是处。

最后,提出忠告要注意简洁中肯,不要提起对方过去的错误,要遵循"一事一议"的原则,才不会引起对方的反感。

巧妙地挽留员工

每个员工的离职原因各不相同,深入调查员工具体的离职动机是制订有效挽留方案的重要前提。

调查显示,在辞职的员工中,40%的人是经过深思熟虑的,还有约20%的人是一时冲动,而剩余40%的员工则介于两者之间,他们虽有离职的动机,但并不强烈,而且在辞职前犹豫不决。

领导者如果能及时采取积极措施,至少40%的员工有可能被挽留下来。那么,应当怎样做才能挽留员工呢?

首先,反应要迅速。

领导在收到员工的辞呈后,应当在最短的时间内做出反应。

比如中止手头的日常工作,召集相关人员商讨对策,以一切可能的方式向员工做出企业不希望他离开的表示。一旦延误了时间,将使员工辞职的意念更加坚决,从而更难以挽回。迅速的反应不仅可以赢得时间,对于员工而言,还能明确地表现出企业对他们的重视。

其次，识别员工离职的动机。

许多企业在员工离职时，立刻用更好的待遇、更高的薪酬予以挽留，实践证明，这样做的效果并不好。每个员工的离职原因各不相同。深入调查员工具体的离职动机是制订有效挽留方案的重要前提。

在了解员工的离职动机时，应当使用一切可以使用的渠道和方法，包括与辞职员工面对面地交谈，从而保证信息的准确性。

再者，制订有效的挽留方案。

在准确了解了员工的离职动机后，继而要针对不同的要求制订相应的方案，但是要注意的一点是不可以无限度、无条件地满足员工的所有需求。对于无理的要求要果断拒绝。

总而言之，企业需要把握好答应和拒绝的"度"。既要满足员工的合理要求，使其能够继续为公司工作，同时也要注意个人需要不能凌驾于公司利益之上。

最后，利用亲情的力量。

除了与员工进行沟通交流，积极地改进企业政策、满足员工要求外，领导者还应当充分利用亲情的力量。

领导可以动用与离职员工关系密切的人来进行游说，如员工的好朋友、在他成长道路上起到重要作用的老员工等。还可以邀请员工的家人、同事参加为他准备的宴会，并事先做好游说工作，这也是一个很有效的做法。

开口就能说动人
——领导必知的沟通艺术

如何化解抗拒心理

身为领导,想要说服别人的时候,首先要准确拿捏被说服者的心理。被说服者的心理是矛盾的,如果不服从,就会与说服者产生冲突,但如果服从,又会违背自己的心意。

在被说服的过程中,人的矛盾心理有如下几种:

猜疑心理

即使人们彼此间有信任关系,但在被说服时,难免会产生疑虑。信任意味着遵守诺言、保密与尊重对方人格,当这些信任动摇时,猜疑就产生了。

曹操刺杀董卓失败后,与陈宫一起逃至吕伯奢家。曹吕两家是世交。吕伯奢一见曹操到来,本想杀一头猪款待他,可是曹操因听到磨刀之声,又听说要"缚而杀之",便大起疑心,以为吕伯奢要杀自己,于是不问青红皂白,拔剑杀了吕伯奢一家。

这是一出由猜疑心理导致的悲剧。猜疑是人性的弱点之一,历来是害人害己的祸根,是卑鄙灵魂的伙伴。一个人一旦掉进猜疑的陷阱,必定处处神经过敏,事事捕风捉影,对他人失去信任,对自己也同样心生疑窦,损害正常的人际关系,甚至影响个人的身心健康。

第八章 说服艺术：让下属心悦诚服

戒备心理

戒备心理指警觉地注意别人的一言一行，尽量推卸责任的心理状态。

运用适当的谈话技巧可以打消对方的戒备心理。如果能在交谈中鼓励对方更多地表达看法，就能对症下药，找到突破口。

另外，适当地自我表达，积极反馈，缩短自己和对方的心理距离，有利于达成一致。

不安心理

毫无疑问，人人都具有自我保护的倾向，会不自觉地维护自己的权利，这是人的一种本能。

所以，即使在你心里不存在控制他人的意愿或动机，可对方在面对着诸如要求自己做出转变的情况时，也会因为本能的自我保护，觉得某种做法会影响自己人格的完整，从而产生不安的感觉以及精神上的压力。

同时，他在面对"接受你的说服"与"接受其他可能的选择"这两者的矛盾时，如果接受了你的要求，就意味着他本人的态度和行为方式都要发生一些转变，与其他人的关系也相应地必须做出调整，这种转变会给人带来精神上的压力。被说服者必须自己承受所感到压力，这在一定程度上让他担忧。

所以，很多人面对被说服的情况采取的都是"能躲就躲"的办法，如果实在躲不过，就尽可能不表态，试图逃避变化。这种心态其实是说服者最大的敌人。尤其是说服的主题涉及了被说服者认为很重大的问题时，对方一般会采取回避或拒绝的态度。这就要求说服者必须要有耐心，还要有所准备，不然肯定无法成功地说服对方。

刘备三顾茅庐才说动诸葛亮出山，为什么这么困难呢？诸葛亮想考验

开口就能说动人
——领导必知的沟通艺术

刘备当然也是原因之一,但最根本的原因是对诸葛亮来说,出山与否是人生的重大抉择,不能不慎重。

想要化解以上几种抗拒心理,就要做到下面三点:

首先,交谈要有策略、有层次地进行,不可以一次把话说完。一下子把自己说服对方的材料和观点全都抖出来,这是不明智的。自己要留一手,也要给对方留有余地。

其次,则是努力让对方认识到不安和压力的根源在哪里,就此进行交流探讨,并且逐一对这些原因给予化解。必须要让对方意识到,即便有压力,但是承担这些压力和不安是值得的,这样,对方的不安情绪会很快消失。

最后,有一个需要慎重使用的方法,就是委托第三方去说服。只有在实在在无计可施、一筹莫展时,才能使用这种方法。可以让对方的朋友、亲人当说客给对方做工作,亲近的人说的话往往更容易被采纳。但是这一条也不一定绝对有效,要注意使用的度,如果过火,反而适得其反。

第九章　授权艺术：权力不是用来压人的

一谈到命令，人们首先就会想到那句耳熟能详的"军令如山"。领导一旦下了命令，下属必须立即执行，仿佛以命令去指挥他人办事最高效。但在实际工作中未必如此。如何下命令也是一门学问。

第九章 授权艺术：权力不是用来压人的

授权要简练、准确、可操作

明确规定任务的最后期限和各个阶段的时间是十分必要的，并应该在执行中不断核对。领导在时间上必须严格要求，才能使目标与实绩相互对照。

善于培养下属的领导，常会给职员一些明确但又留有余地的指示，让员工在适度的自由中锻炼才干，逐渐成长。善于引导下属正确体会和执行领导的命令是一门学问。领导的命令应该简练、准确，专业术语概念清晰、排除误解，而且必须具有可操作性，还要具有时间上的紧迫性。

土地肥沃的巴格达与印度因为地理和气候优势，都可以随意选择在任何时节播种稻种；但泰国则由于气候的关系，必须事先制订周密的计划，才能在最合适的时间播种。由于台风时常来袭，所以不仅是播种，收割的日期也要先想好。如果迟了，一年的辛劳就会付诸流水，所以必须拟定周密的计划和时间表——这就体现了计划的重要性。

有时候，公司老板对下属太客气，总是以"麻烦你给我做这个"的方式下达命令。这样会使下属没有紧迫感，可能很久也不能完成工作，这样

开口就能说动人
——领导必知的沟通艺术

的例子十分多见。所以，明确规定任务的最后期限和各个阶段的时间是十分必要的，并应该在执行中不断核对。领导在时间上必须严格要求，才能使目标与业绩相互对照。

从员工方面来说，在接到上级命令的时候，尽量做好记录，可以用记事本简明扼要地记下关键问题，疑惑不解的地方等领导把任务交代完毕，再根据实际情况提出来，并恰当地表达出希望领导重视自己的问题的意思；在执行时要抓住时机，踏实做事。执行中要多反馈汇报，与同事及领导商量，交流新问题、新情况，保证任务的完成。

以商量的口气下达命令

领导要谨记，吩咐下属去做事，有些时候下命令确实是必需的，特别是在紧急情况下，没有时间做出详细的解释，命令需要立即执行。但在更多时候，如果条件允许，最好还是事先沟通一下。

领导最主要的工作之一就是给下属下达命令，让其完成工作。但命令的下达远不是说两句话那么简单。下达的命令是得体的，就会有好的执行力；反之，下达命令方式欠妥，就会引起员工的反感和不满。

松下公司创始人松下幸之助曾说："不论是企业或团体的领导者，要使下属高高兴兴、自动自发地做事，我认为最重要的是要在领导和下属之

第九章 授权艺术：权力不是用来压人的

间，建立双向的交流，也就是心与心的契合、沟通。"松下幸之助看到了领导和下属进行沟通的重要性，并且在工作中身体力行，获得了极大的成功。

一些领导认为只有雷厉风行地做事才会有效果，所以凡事都用大嗓门命令他人，不管别人的反应与意见。这种领导一般能力比较强，下达命令之前早已深思熟虑，有自己的打算。久而久之，下属就会习惯于接受命令，凡事都照领导说的去做，成为执行命令的"机器"，反而丧失了积极性和创造性。而另外一些下属，面对领导各种各样的命令，根本连问为什么要这么做的机会都没有，领导不允许发问，只要求执行。这样一来，员工根本想不通原委，当然就不愿意去做。那些自己不愿做的事还要被迫去做，实际上是很难做好的。

所以领导要谨记，吩咐下属去做事，有些时候下命令确实是必需的，特别是在紧急情况下，没有时间做出详细的解释，命令需要立即执行。但在更多时候，如果条件允许，最好还是事先沟通一下。

如果领导用心和下属沟通，下属就会把自己的想法和盘托出，如果确实有道理，领导就可以采纳对方的建议，这样既不会耽误执行工作，而且会让下属觉得自己的意见被采纳，获得良好的认同感，以后自然会把工作当作自己的事情，勤于思考，努力改进，工作效率也会显著提高。

另外，领导还要注意，在要求下属做一件事时，也不要忘记给下属树立一个美好的目标，给出一个亮丽光明的前景，在这样的指引下，下属更有动力，会欣然接受任务，并且付诸行动。

具体来说，在安排实际工作时，领导应注意以下几个方面的问题。

1. 千万不要用自己的权力压制员工。

开口就能说动人
——领导必知的沟通艺术

2. 要耐心地去聆听下属的意见和建议,甚至是抱怨。

3. 若同意下属的意见,可以肯定地说:"对,我也是这样想的。"这样会形成一种激励,让下属为自己的建议和想法感到骄傲。

如果领导不同意做某件事,必须向下属说明自己的理由,不要生硬地说"我不同意"就草草了事。如果是这样,就算强行地把命令下达了,下属还是会心怀不满,甚至我行我素,不认真执行任务。

以理服人,而不是以权压人

无论是谁,当你命令他做一件事的时候,他多少会有逆反心理,这是人们正常的心理。所以,把握好说话的语气、方式,更容易让对方接受自己的意见和要求。

优秀的领导者绝不会单纯靠下命令来做管理,更不会不管下属的想法,一味地发号施令。如果领导这样开展工作,只会引发下属的不满和抵抗。

李先生新接手了一家有五六百名员工的企业。他发现,上一任领导离职时候,不管是在业务上还是在管理上,都留下了很多亟待解决的问题。

李先生本人是一个能力很强的人,他做起事来就像一位率领千军万马

第九章 授权艺术：权力不是用来压人的

的大将军，"运筹帷幄之中，决胜千里之外"，指挥若定，威风八面。相应地，态度上就显得有些急躁和强硬。

一天早上，公司要开一个重要的采购会议，可是李先生却在出门前和儿子吵起来了。

因为李先生唯一的"克星"就是他的儿子，他拿儿子没辙，父子之间的代沟怎么也无法跨越，几乎每次见面，没讲三句话就会争吵。

这天，就在双方都吵得面红耳赤之际，儿子突然停住了话头，然后一字一顿地说："爸，我们再这样吵下去也不是办法，我能不能请您把我刚刚说的那句话重复一遍给我听？"

"啊？什么？"李先生有点儿吃惊，没想到儿子突然这么说，"你说，你说做父亲的这么能干，这么要强，当然看不起儿子了！"

"不是！我不是这么说的，您再想想看，我到底说了什么？"儿子步步紧逼。

"你到底说了什么？你自己说的话，为什么要我重复？你自己为什么不再说一遍？"李先生愤怒了。

儿子突然笑了起来，说："您看！爸，从头到尾，我到底说了什么，您都根本没有听，那些话是您自己臆想出来的，其实我根本没那么说。您不是常说我们缺少沟通、有代沟吗？那么，我说过什么，您重复一次给我听，然后您再说些什么，我来重复。"

"什么！我哪有时间在这里重复来重复去的！你这孩子真是想气死我，对吧？"

"爸！就试试看吧！否则这种争吵今天结束了，明天还会发生，一直没完没了，您再想一想，我到底说过什么？"李先生只好静下心来，想了

开口就能说动人
——领导必知的沟通艺术

半天,终于承认:"我真的想不起来,你再说一遍吧。"

"好,其实我说的是,父亲真的很能干,儿子一方面心里很佩服,但另一方面,总是怕自己跟不上您的脚步,做不到那么好,所以心里有点儿压力。"

李先生静下来,仔细一想,确实如此,儿子就是那么说的,而且说得合情合理,自己怎么会那么激动呢?李先生找到了问题的症结所在,一扫和儿子吵架的疲惫,神清气爽地到公司上班去了。

这一天公司的会议需要讨论的是公司打算采购价值1000万元的机器,到底是要用美国货,还是用日本货。根据采购部的报价,日本的机器价格便宜,质量也不差,可是总工程师却主张买美国货。

会场上,李先生让总工程师发表意见。因为前一任领导十分专横,总是早有定见,不喜欢听别人的意见。新来的这位领导似乎脾气也不怎么好,总工程师估计新老板也像上一个老板一样,万事都喜欢自己做主,问别人的想法也只是一个形式,因此无精打采地说了不到五分钟,就结束了发言。

李老板敏锐地注意到员工的情绪,又受到早上和儿子交流的震撼和启发,于是一反常态地说道:"总工程师,我来重复你的意思,你看我理解得对不对?日本的机器,价格便宜,质量也还可以,但如果将来出了问题,需要售后服务的时候,问题就比较麻烦,因为语言问题,他们的员工往往无法和我们直接交流,找到对精密仪器在行的翻译又比较困难,而且耗时又费钱。机器到底有什么问题,我们无法充分地表达给对方,每次发生这样的问题,都要面临这样的困难,反而会耽误生产时间。要是这么算的话,还是买美国货更划算、更便宜。"

第九章 授权艺术：权力不是用来压人的

听了李老板的重复，总工程师的眼睛亮了起来。他打起了精神，详细地介绍了情况，把刚才没说到的问题都说出来了。

领导在说话的时候特别要注意把握分寸，少一些强制。因为无论是谁，当你命令他做一件事的时候，他多少会有逆反心理，这是人们正常的心理。所以，把握好说话的语气、方式，更容易让对方接受自己的意见和要求。

树立权威，说话更有分量

倘若一个人地位高、有威信、受人敬重，那么他所说的话、所做的事就容易被别人重视，容易被别人认可其正确性。

这一现象普遍存在于日常生活和工作之中。而追溯其内在的心理因素，首先是人们都有的一种"安全心理"，即大家往往认为权威人士一定是正确的，而服从他们则可以给自己充分的安全感，他们认为权威不会出错，就算出错，也还是有保障的。其次，则是由于人们的"赞许心理"，权威人士的表现往往被社会认同，被认为和社会规范是一致的，故而按照权威人士的要求去做，自己也同样会得到相应的赞许与奖励。

开口就能说动人
——领导必知的沟通艺术

美国心理学家曾经做过一个实验：在给某大学心理学系的学生们讲课时，向学生介绍了一位从外校请来的德语教师，说这位德语教师是从德国来的著名化学家。实验中这位"化学家"煞有其事地拿出了一个装有蒸馏水的瓶子，说这是他新发现的一种化学物质，有特殊的气味，请在座的学生闻到气味时就举手，结果多数学生都举起了手。本来没有气味的蒸馏水，由于这位"化学家"的语言暗示，多数学生都认为它有气味。

在企业中，领导说话是否有分量，是决定其能否成为一个优秀的领导者最重要的问题之一。

而树立权威最直接、最有效的方法，就是运用语言。语言的魅力在于可以让人在最短的时间内获得最多人的认同。一次慷慨激昂的演讲，能为讲话者树立威信，带动气氛，调动情绪，表明思想。语言是最好的交流途径，语言是最好的传播媒介，一个人的人格、学识、智慧都可以通过说话表达出来。所以，话只要说得好，说得妙，就可以树立威信。

当然，善用权威效应并不是说让领导滥用自己的语言和权力愚弄下属、欺骗他人，这样做的后果只有一个，就是毁掉自己积累起来的威信和地位。对待下属仍然是要本着诚信的原则、关怀的态度。这样做一方面更能增加领导的魅力，是权威的积累；另一方面，外柔内刚双管齐下，必定能取得让人意想不到的效果。

第十章　应变艺术：随机应变，摆脱困境

在社交场合难免会碰到让人意想不到的事情，例如自己失言，或是他人反应不热烈，或是出现意料之外的变故等。各种猝不及防的情况会使人狼狈不堪、尴尬至极，甚至陷入窘境。作为领导，应具有良好的应变能力，轻松地摆脱这样的困境。

第十章 应变艺术：随机应变，摆脱困境

控制现场以应对搅场

所谓"搅场"，就是有人打断发言，蓄意破坏现场秩序，主要出现在单向交流的场合中，如上课、做报告、大会发言、演讲等。

对于那种"搅场"的人，领导要尽量做到以下几点：
首先，学会"无视"。
"搅场"的人本身就对发言者有成见，听演讲的目的就是找碴，所以不管发言者怎么说、说什么，对方都会故意捣乱。对付这样的情况，发言者需要坚定信心、不予回应。

1860年2月，林肯参加美国总统竞选，在纽约某学会做演讲。

他到纽约时，当地报纸已发表了许多攻击他的文章。在他登台时，还未开口，台下便传来一片嘲笑声。演讲开始时，台下十分混乱，一些共和党人高声叫嚷要他滚下去。但林肯不为所动，十分镇静地按事先的准备继续讲话。渐渐地，会场安静下来，除了林肯的声音，只有煤气灯的燃烧声，听众都听得入迷了。

开口就能说动人
——领导必知的沟通艺术

第二天,报纸纷纷发表了赞扬林肯演讲成功的文章。

其次,谦虚应对,适时自责。

如果发言者的思想、学术等水平不高,听众会在这方面进行刁难,对这种搅场,发言者一定要谦虚谨慎,做到以退为进。

1986年菲律宾总统大选时,有人指责竞选者科·阿基诺夫人是什么也不懂的家庭主妇。她上台发表竞选演说,不少人以这种眼光看待她。反对派则公开叫嚷说她只配围着锅台转,要她回家去。

阿基诺夫人上台后,一开口便说:"我只是一个家庭主妇,对政治和经济都不甚了解,也没有经验。"这番诚恳、真挚的话使听众一下子静了下来。接着她又说:"对于政治,我虽然外行,但作为围着锅台转的家庭主妇,我精通日常经济!"听众旋即爆发出热烈的回应。

最后,力求生动、幽默、风趣。

如果讲话主题听众不感兴趣,也有可能故意搅和,这时发言者应用幽默的语言来应对。

某厂宣传部长到分厂宣传裁员政策。分厂一些工人正为下岗问题忧虑,当听说要讲裁员政策后,台下一下子炸开了锅,工人们吵吵嚷嚷。

面对这种情形,部长扯开喉咙大喊道:"报告大家一个好消息。"台下顿时静了下来。部长故意停了一下才说:"我爱人——下岗了!"台下的工人们先是一愣,随即响起一片热烈的掌声。接着部长把自己的爱人因何下岗和夫妻之间的对话惟妙惟肖地描述了一番。调动起听众情绪后,他才开始宣讲厂内的政策。

总之,控制现场是一门学问,不仅需要随机应变,还要能够准确把握听众的心理。作为领导,对此一定要细心琢磨,才能在需要的时候自如地应对局面。

控制场面,避免冷场

当众讲话遭遇冷场,可暂时变换话题,吸引听众的注意力。但是在目的达到后,仍要设法回到原来的话题。

在单向交流中,听众毫无兴趣,注意力分散是冷场;在双向交流中,对方毫无反应,或仅仅随口应付也是冷场。发言者说话没有吸引力是造成冷场的直接原因,究其根本,是发言者的失败。发言者必须采取有效的方法控制现场,避免冷场的发生。

力求简短

在单向交流中,除了主题演讲,应景式的讲话应该越短越好。而在双向交流中,任何一方都可以参与发言,应有意识地给对方留下提问的时间,这样你来我往,才能达到交流的效果。

开口就能说动人
——领导必知的沟通艺术

变换话题

当众讲话遭遇冷场，可暂时变换话题，吸引听众的注意力。但是在目的达到后，仍要设法回到原来的话题。比如教师在讲课中发现学生东张西望、窃窃私语、在桌上乱画，等等，可以停下授课内容，简短地讲些与教学相关的故事或趣闻，吸引学生的注意力，再继续讲课。

双向交流时话题可以变化。如果发现对方对自己提出的话题没有兴趣，可以立刻寻找下一个话题。

终止交流

任何发言者都不愿碰到冷场的情况。但若是这样的事情发生了，也采取了变换话题、加强语气等方法，仍不能扭转局面，不妨终止交谈。"话不投机半句多"，长时间的冷场对双方来说都是浪费时间，而且毫无意义。

言语失误，要巧妙地纠正

每个人都有说错话的时候，其实说错话并不可怕，关键的问题在于如何在失言之后，以巧妙的话语加以纠正，这样不仅表现得体，还能显示出非凡的口才与智慧。

"人有失手，马有失蹄"，在与人交往的过程中，即使是像辩论天才张仪一般的人物，也难免会因为各种原因而陷入词不达意的尴尬。有时

第十章 应变艺术：随机应变，摆脱困境

人难免一时头脑发昏，举止失当，做出事后让自己觉得不可思议、莫名其妙的蠢事。

虽然失态的原因不尽相同，但后果却是相似的，或贻笑大方，或引起纠纷，甚至让局面一发不可收拾。在这种时候，说话的人脑子必须快速转个弯儿，想方设法化解矛盾。

三国时的阮籍有一次上早朝，忽然有侍者前来报告："有人杀死了自己的母亲！"

阮籍为人素来放荡不羁，未经思考信口回答："杀死父亲也就罢了，怎么能杀死母亲呢？"此言一出，满朝的文武百官大哗，认为他"诋毁孝道"。

阮籍也意识到自己措辞不当，连忙解释："我的意思是说，禽兽知其母而不知其父。杀父之人就如同禽兽一般，杀母之人连禽兽也不如。"一席话说得面面俱到，众人无可辩驳，阮籍也免去了杀身之祸。

四两拨千斤的方法能够免去一场争吵，甚至是躲开杀身之祸。阮籍在说错话的情况下，急中生智巧用比喻，不知不觉中更换了题旨，巧妙地平息了众怒。所以出言不慎时，必须懂得巧妙地纠正。

开口就能说动人
——领导必知的沟通艺术

面对责难,要灵活应对

面对善意的责难,应认真、负责地阐述观点,解答对方的问题,如果确实无法回答,应老老实实地表示歉意,或者另行寻找话题。面对那些恶意的责难,要果断地予以回击。

责难有两种:一种是善意的,对方对问题有疑问或意见,所以提出反对观点;另一种则是恶意的,对方以让人难堪为目的,故意刁难。所以对责难也应区别对待。

面对善意的责难,所做的应该是认真、负责地阐述观点,解答对方的问题,做到有问必答。如果确实无法回答,应该老老实实地表示歉意,或者另行寻找话题。

一家公司的厂长正在讲下岗的问题,一名女工站起来问道:"你老讲形势好,为什么全国到处都在下岗?"

厂长说:"下岗是经济发展的正常现象,是社会进步的产物,恰恰说明形势好。现在一些地方、部门人浮于事,大家没事做,而一些地方、部门又事多等人做,这正常吗?一个工厂技术落后、设备陈旧,产品没市场,大家都发不出工资,还不如让一些人下岗转行,去干社会需要的事。

第十章 应变艺术：随机应变，摆脱困境

这样，既满足了社会的需求，大家又都有钱可挣，不比混日子更好吗？"

面对那些恶意的责难，可以果断地予以回击，严厉而不失幽默地反唇相讥。如果沉默不语，会助长对方的气焰，有损自己的形象。

美国前总统布什在一次演说中，台下递上一张纸条，他打开一看，里面写的是"傻瓜"。他若无其事地笑道："以往别人递纸条都是提出问题，而不留姓名，而这张纸条只留了姓名却没有提问题。"他巧妙地将辱骂自己的话，转移到辱骂者身上。

遇到别人恶意的责难与讥讽，不必一味宽容地保持沉默，否则就等于默认了别人的挖苦，反击一定要针锋相对、不留情面，打消对方的嚣张气焰。但是如果只是亲友、同事开玩笑，则不妨以同样诙谐的话予以反击，说气愤和尖刻的话反而有失风度。面对善意的玩笑，只要用幽默的自嘲就可以摆脱困境，泰然自若的神情不仅不会使说话的人颜面受损，还会让他平添风采，增加魅力。

领导身处商战第一线，有意无意中会得罪一些人，与人结怨。如果遇到对方的讥讽和轻视，及时回击是最主要的应变策略。因此，具备随机应变的口才显得尤为重要。站在风口浪尖的领导，一定要具备随机应变的口才及十分敏捷的思维。这些其实都得益于长期有意识的训练、学习和模仿。任何语言的技巧都不是天生的，都是后天培养出来的。应急的语言技巧有很多，领导者可以把下面这几点作为参考：

转移话题，摆脱窘境

在社交场合中，时常有一些人打听对方不想公开、不能公开的事，如内心的伤痛，或是自己忌讳的话题，或是个人隐私等，这些问题一旦被别

开口就能说动人
——领导必知的沟通艺术

人提及，就可能出现尴尬的局面。该如何应对呢？最好的办法就是以现场的环境和场景为媒介，在场的人还没开始大加讨论之前，迅速转移话题。这是一种最基本和最有效的应急措施。

不动声色，应付尴尬

尴尬局面的出现，往往只是刹那之间的事情，一句话就可以引起麻烦，瞬间场面就会变得一团糟。这个时候如果说话的人失去冷静，大惊失色、手足无措，那么只能导致乱上加乱的结果。

反之，就算是出现了尴尬局面，如果能在心理上努力保持平衡与稳定，面不改色，显示出镇静自若的一面，然后脑海里快速思考如何应对出现的问题，这样才是妥当的做法。

急中生智，自圆其说

其实在不恰当的话语说出来的瞬间，说话的人自己就能意识到。所谓覆水难收，说出去的话无法收回来，那么最重要的就是立刻寻找一句可以自圆其说的话，也以脱口而出的方式，在瞬间说出去，消除尴尬。当然，要做到这一点，就要发挥自己随机应变的能力，需要的是说话者机敏的反应，需要立刻分析出的情境的转变和话题的导向，然后立刻做出反应，修正自己讲话的内容，对主题进行快速而严密地调整和变换，这样才能在最短的时间内化解尴尬。

运用幽默，巧解矛盾

我们在与人交往的时候难免发生各种各样的矛盾，而当矛盾发生时，幽默的语言是解决问题的灵丹妙药。在某些情况下，幽默会产生神奇的效果，在一瞬间让僵局解开，前嫌冰释，让原本窘迫难堪的场面立刻充满了笑声，尴尬就自然而然消失于无形了。

第十一章 调解艺术:调解纷争,化解矛盾

  作为领导,常常会面对各方面的压力,需要处理各个部门及员工之间的紧张关系,能否运用自己的沟通技巧调解纷争、化解矛盾,不仅关系到公司的发展与工作的进行,更是领导水平的重要体现。

第十一章 调解艺术：调解纷争，化解矛盾

给下属树立"大家庭"的观念

树立"大家庭"的观念是难度很高的一项任务，它不仅建立在诚信的基础上，更需要足够的时间，经过"锻造"，才能使领导和员工成为一家人。

说起培养企业中员工的"大家庭"理念，通用电气公司前总裁斯通堪为表率。

通用公司的高层领导与全体职工每年至少举办一次生动活泼的"自由讨论"，而且公司里从上到下互相直呼其名，无尊卑之分，却互相尊重、彼此信赖，人与人之间的关系融洽亲切。

1990年2月，通用公司的机械工程师伯涅特在领工资时，发现少了30美元，这是他一次加班应得的加班费。

为此，他找到顶头上司，而上司却无能为力，于是他便给公司总裁斯通写信。"我们总是碰到令人头痛的报酬问题。这已使一大批优秀人才感到失望了。"斯通立即责成最高管理部门妥善处理此事。

三天之后，他们补发了伯涅特的工资，事情到此似乎可以结束了，但

开口就能说动人
——领导必知的沟通艺术

斯通又做了三件事:第一件事是向伯涅特道歉;第二件事是在这件事情的推动下,了解那些优秀人才待遇较低的问题,调整了工资政策,提高了机械工程师的加班费;第三件事是向著名的《华尔街日报》披露这一事件的全过程。这件事在美国企业界引起了不小的轰动。

这些事情虽小,却能反映出通用公司的大家庭观念。

企业内部氛围的形成是难度很高的一项任务,它不仅建立在诚信的基础上,更需要足够的时间,经历崎岖不平的道路及竞争环境的"锻造",才能使领导和员工成为一家人,彼此都乐意为团队牺牲个人利益,因身为组织一员而感到自豪。这样的团队才具有旺盛的生命力和爆发力。

多说服,少争辩

尽管分歧会使人们的关系紧张,但只要加以耐心说服就可以消除。

很多人面对分歧的做法就是站出来针锋相对地争论一番,实际上这绝非上策。盲目投入争论的人,会被一种焦躁心理所控制,要知道,压倒对方并不能解决任何问题,相反会伤了和气,让他人感到觉到威胁与伤害,自尊被冒犯。

在试图说服与自己意见不一致的人时,首先不应该把他们当作对手或敌人，而是当作与自己平等的人。说服的目的在于让对方理性地接受自己的观点，而不是无条件地对自己言听计从。

说服可以使被说服者形成内在服从效应。它与借助权力进行威胁的不同之处在于，说服者必须做到与被说服者是平等的，被说服者具有选择某种观点、看法以及采取某种行为方式的自由。

与依靠个人魅力所形成的确认式服从不同，在形成内在服从的过程中，说服者没有动用魅力或是权力，能够让对方被说服的因素在于说服者提供的信息具有价值，能够起到修正或者改变被说服者的感知方式、思想及意识的作用，从而最终让说话对象对争论的事物采取了一种新的思考方式，或有了全新的解释。

让冲突为成功沟通做铺垫

一个人的意见不可能永远正确，而冲突和矛盾也许正是弥补这一不足的最佳方案。

冲突，是导致不安、紧张、动荡、混乱的主要因素之一，但是它也存在着积极的一面。有时候，冲突可以促进变革，并且督促人们做自我分析，提高自身素质。

身为领导，应该了解并善于利用冲突所带来的积极作用，才能更好地

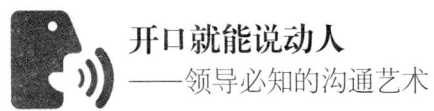

开口就能说动人
——领导必知的沟通艺术

领导团队，带动集体。

通用汽车公司发展史上有两位重要人物，由于他们对冲突和矛盾所持的不同看法和做法，给公司的发展带来了不同的重大影响。

威廉·杜兰特在做重大决策时大致用的是"一人决定"的方式，他喜欢那些同意他观点的人，很难宽恕当众顶撞他的人。由他领导的工厂经理组成的经营委员会在讨论任何一项决策时都没有任何反对的声音，但这种一致的局面仅仅维持了四年。四年之后，通用汽车公司就出现了危机，杜兰特也不得不离开了公司。

另一位有重大影响的人是艾尔弗雷德·斯隆，是迄今为止通用汽车享有最崇高声望的领导者，被誉为"组织天才"。他曾经是杜兰特的助手，并在后来成为杜兰特的继任者。他目睹了杜兰特所犯的错误，所以在做出决策之前，都事先向别人征求意见。他认为没有一贯正确的人。在遇到问题时阐明自己的观点，但也鼓励别人发出不同声音，展开讨论，这是他取得成功的主要原因。

对于领导来说，每天几乎都会面对冲突和矛盾，所以不应该对冲突采取回避、抹杀或熟视无睹的做法，更不要为暂时的一致所蒙蔽。要知道，一个人的意见不可能永远正确，而冲突和矛盾也许正是弥补这一不足的最佳方案。只要做到协调合理，沟通及时，冲突也会为成功做铺垫。

第十一章 调解艺术：调解纷争，化解矛盾

善于倾听下属的抱怨

当下属开始抱怨、不满，产生利益冲突的时候，作为领导应当充分地重视。要找到抱怨的原因，最好的方法就是聆听对方的意见。倾听不但表示尊重，也是形成理解的最佳方法。

在处理下属的抱怨时应当形成正式的决议，向下属公布，不要拖延，不要敷衍，不要让抱怨越积越深。

在解决抱怨时，可采用一种"门户开放"政策，即宣称领导随时迎接各种抱怨和投诉，对这些问题领导将全力解决。这种方式可以使下属随时随地意识到自己的利益受到保护，情绪更加平和与放松。

身为领导，善于倾听也是综合素质之一，面对下属的抱怨，不可掉以轻心，漠然置之。花点儿时间倾听下属的诉说，听听员工的心声，对领导是大有裨益的。领导要设身处地、变换角色，思考事情为什么发生，尽量考虑问题发生的原因，避免因操之过急而引起矛盾的激化。

在面对下属的抱怨时，领导还需要有耐心和自我控制力。尤其是下属的抱怨牵涉到领导，使领导感到尴尬或愤怒时，更要用极大的耐心控制怒火，接受不同的声音。当然，并非所有抱怨都能得到圆满的解决，也许是因为违背了企业的政策，也许是因为下属本身确实有错，不合情理的抱

怨、无理取闹式的抱怨都会存在。但是，对这些抱怨也要在倾听之后再做评论。发出抱怨之声的人看似希望领导采取行动，实际上只要领导耐心地倾听，他们就会感到心满意足。随后领导再在适当的时候解释为什么抱怨的问题不能被彻底解决，这样的做法也更容易被下属接受。

发泄愤怒，缓和矛盾

当冲突发生时，好的调解方法应该是：让每个人都有机会发泄愤怒，避免愤怒郁积。这样才能缓和矛盾，打开解决冲突的大门。

有的日本公司专门建造了"健康管理室"，就是为了化解纠纷。

两个人产生纠纷，发生了严重的冲突，就可以到"健康管理室"来解决争端。

第一个房间，进去就会发现对面的墙上有一面大镜子，产生纠纷的两个人站着照镜子。当人们吵架时，感觉不出自己面貌的变化，一照镜子，看到自己脸红脖子粗的样子，怒气马上就减少了许多，也会下意识提醒自己：今天自己的情绪有些失控。

第二个房间里有一排哈哈镜，双方依次照镜子。这是为了启发双方正确对待自己和别人，不能像哈哈镜那样把自己看得很高大，把别人看得很矮小。

第十一章 调解艺术：调解纷争，化解矛盾

然后再向里面走，是弹力球室。地板上和房顶上各有一个钩子，中间用弹力带紧紧拉着一个球，球距地板一人多高，每人用力打三下。由于弹力作用，球弹回来正好打在自己额头上。这是启发双方认识人与人的关系就同作用力与反作用力，你伤害别人，别人就会伤害你。

再往下走，还有傲慢像室、照片室、模仿的酒吧间，等等。总之都是通过对比的方法，启发双方交换意见，互相表态，使问题得到解决。

这种解压的方式，在我国一些企业中也得到了应用。

据说，某个公司专门为员工设了"出气室"，"出气室"门前写着这样的话："朋友，欢迎你到来。你有什么心事吗？请毫无顾忌地讲出来。你有什么意见吗？请毫无保留地说出来。"这个出气室每天都由厂里的主要领导轮流值班，接待员工。

说来奇怪，很多憋着一肚子火进去的员工，出来时候都是一身轻松，不再抑郁。两年多来，公司里的员工们到"出气室"上千次，每一件事情都有登记，而每一件事情最后都能得以解决。人们都觉得，这家公司发展得越来越好，经济效益越来越好，"出气室"也有很大的功劳。

能忍受别人发泄愤怒是很不容易的，尤其是当愤怒是冲着自己来的时候。在现实中，领导也经常会面对下属的失控。在面对别人的失态时要宽宏大量，忍难忍之事。倘若领导者本人也是冲突的一方，就更要严格约束自己，不要只为自己表白和辩护，要表现出高姿态。

第十二章　谈判艺术：唇枪舌剑之间，掌控大局

作为领导，不仅是部门的领头人，也是谈判桌上的中坚力量。唇枪舌剑之间，领导要掌控大局，不仅身体力行参与谈判，更要制订计划，促进谈判的成功。

所以，掌握谈判的技巧对于领导来说，也是重要的必修课之一。

第十二章 谈判艺术：唇枪舌剑之间，掌控大局

良好的形象给对方以好感

一位形象气质俱佳、谈吐得体又风度翩翩的领导，即便在针锋相对的谈判桌上，也能引起对方的好感，从而促使谈判成功。

仪表

俗话说："人靠衣服马靠鞍。"得体的服饰对谈判的影响十分明显。谈判者着装应该整洁大方，且服装必须适合自己的体型。为保证谈判顺利进行，切忌不修边幅或衣着过于另类。

身姿

挺拔的站姿要求挺胸收腹，两眼平视前方，嘴唇微闭且面带微笑，双肩自然下垂。挺拔的站姿反映了谈判者的良好的心理状态，说明谈判者斗志昂扬，充满信心。

端庄的坐姿要求两脚着地，膝盖成直角。与对方交谈时，身体适当前倾，切忌一坐下来就靠在椅背上，这样会显得体态松弛、没有礼貌。女士就座切忌跷起二郎腿，更不可将双腿叉开，这样不仅很不雅观，也显得缺乏教养。

开口就能说动人
——领导必知的沟通艺术

谈吐

优秀的谈判者说话应时刻把握分寸,不温不火、不卑不亢。言语表现过于自信或唯唯诺诺,都容易受制于人。

在谈判中,言语不恰当会显得不尊重对方,甚至引起误会和摩擦。例如称谓问题,必须分清对象,尊重对方习惯,注意亲疏关系、年龄性别等,这样才能表现出对他人的尊重。

语调

说话音调的抑扬顿挫,可以丰富语言的内容,强化语言的效果。而语调冷漠平淡则给人以拒人于千里之外的感觉。若谈判时音调自然,饱含感情,就容易消除双方紧张情绪。在谈笑中从容应对,从而迎来一个完满的结局。

非凡的气质和风度

举止潇洒、神采奕奕,洋溢着活力的领导,更容易以非凡的气度吸引他人。

一个具有风度和气质的谈判者,他的从容自信会在一定程度上给对方造成心理压力。反之,一个不修边幅的谈判者很难靠口头上的雄辩取得胜利。

谈判者的独特气质,可以通过身体的各种动作,如站姿、坐姿和走路的样子等表现出来。自然、毫不做作的动作可以流露出权威感,使对方不自觉地被吸引。

谈判者拥有非凡的气质和风度,除了先天的性格因素外,还需要后天的知识修养和实践。这就要求谈判者具备广博的知识,既要懂谈判心理学和行为学,还要具有丰富的谈判经验,以此来应付谈判中各种复杂的情况,最好还要掌握有关的法律法规及国际惯例等。

这些知识是谈判取得胜利的前提,也是一个合格的谈判者事先应做好的准备。有了这些知识和储备,谈判者才能充满自信地走向谈判场。当然,除了知识方面的修养外,谈判者还应加强实际的谈判训练,在谈判的练习中逐渐培养良好的气质和风度。

谈判要以双赢为基础

无论何种形式的谈判,只有以双赢为基础,才能构成真正的、有意义的谈判。

成功的谈判,不是一方大获全胜,另一方满盘皆输,而是双方各有收获。在谈判中可能有"你死我活"的较量,但谈判本身却不是为了分出胜负,而是力图达到双方的利益共享。

在一场成功的谈判中,每一方都是胜利者。如果一方机关算尽、漫天要价,势必两败俱伤,导致合作破裂。

在谈判过程中,谈判者要想取得成功,一定要记住当止则止。当接近了最大需求时,要保持冷静,见好就收,不能贪婪地抱着"再多要一点"的心理而把对方赶尽杀绝。如果把对方逼到山穷水尽的地步,那么之前所做的一切努力可能会前功尽弃。因为一味地追求利益会破坏合作的基础,

使谈判无法推进下去。

由于谈判的最终结果是使双方在一定程度上都得到满足,所以要把双方的冲突看作是有待解决的共同困难,这样可以使双方关系更加紧密。在谈判过程中,如果双方始终保持相互了解和信任,虽然谈成的价码虽没有达到预期,但却可以为以后扩大合作奠定基础。

对于一时无法调和的矛盾,可以在互相信任的前提下多提几个方案,直到双方的需要都得到某种程度的满足。在答复对方的时候,试着从对方的角度看问题,避免使用绝对的语气,使摩擦减到最低程度。而在产生冲突时,耐着性子去了解为什么会造成冲突。如果能找出彼此的差异点和共同点,就有可能打破僵局。

和颜悦色,营造融洽气氛

谈判的动因是需要,对利益的满足是谈判的基础,双方对于共同利益的追求是取得一致的动力。因此,在真正成功的谈判中,每一方都应该是胜者。

一位专家曾说:"老谋深算的人不会对任何人说威胁的话、辱骂的话,因为二者都不能削弱对手的力量。威胁会使对手更加谨慎,使谈判更艰难;辱骂会增加对手的怨恨,并使他们耿耿于怀。"

第十二章 谈判艺术：唇枪舌剑之间，掌控大局

谈判不是一决胜负的比赛，以一决雌雄的态度展开谈判，只会带来一败涂地的后果。谈判的动因是需要，对利益的满足是谈判的基础，双方对于共同利益的追求是取得一致的动力。因此，在真正成功的谈判中，每一方都应该是胜者。

一般说来，谈判可分为合作性谈判和竞争性谈判两大类。不管是哪种类型的谈判，谈判者都应该和颜悦色，营造融洽气氛，建立相互信任的人际关系。

礼貌待人

在谈判中，即使对方出言不逊，说出过激的言辞，自己一方也应保持冷静，尽量以温和的语言表述自己的主场，做到语调平静，遣词用句都应适合谈判的需要，避免使用极端的话把谈判引向破裂。

婉言否决

在谈判中不同意对方观点时，不要直接用"不"这个具有强烈对抗色彩的字眼。即使对方态度恶劣，也应和颜悦色地用商量的态度表述否定的意思。

运用转折的技巧则可以减少对他人的冒犯，先予以肯定和宽慰，再委婉地否定并表明自己的难处。这种貌似承诺、实则并未接受的语言表达方式是将心比心的心理战术。它表达的是给予对方同情和理解，重点却是"但是"以后的内容。

开口就能说动人
——领导必知的沟通艺术

小小细节意义无穷

对谈判者而言，注意细节是捕捉对方信息的必要方法。因此，除了倾听之外，仔细观察、收集对方发出的无声信息，也是十分重要的。

在商业往来中，即使是一个小的细节都有可能改变整个事情的发展方向。在瞬息万变的谈判中，不起眼的细节却有不容忽视的力量。因此，一定要注意细节，任何一个不当行为都会带来副作用，会使自己失去成功的机会。

美国著名谈判大师荷伯·科恩指出：两个人之间普通的交谈，通过语言传播的信息还不到35%，而非语言信息则传递了65%以上的内容。作为一名谈判者，应该具有丰富的非语言传播知识。掌握这些，对于洞察对方的心理状态有很大帮助。

察言观色要求仔细观察对方的言谈举止，捕捉对方内心活动的蛛丝马迹，并思索这类行为的心理因素。谈判时的语调最好低沉一些，显得沉稳大方，语调偏高的人应设法练习降低语调，发出沉稳迷人的声音。

谈判时语速要适宜。开车时有低速、中速和高速之分，讲话也应依照实际情况适当地调整速度。同理，说话时也要依照谈判情况调整语速。

要注重语句与表情的配合。每个字、词、句都有它的意义。单用词句表达意思是不够的,还必须加上神情与姿态,这样谈话才会生动感人。

另外,谈判时的措辞要有一定水准。一个人在交谈时的措辞,犹如他的仪表和服饰,直接影响谈话的效果。对于难念的字眼,发音必须力求准确,因为这可以在无形中表现出一个人的学识和教养。

总之,对谈判者而言,注意细节是捕捉对方信息的必要方法。因此除了倾听之外,仔细观察、收集对方发出的无声信息,也是十分重要的。正如一首老歌所唱:"细小的一举一动,自有意义无穷。"只要把这样的一举一动把握好,就能掌握谈判的主动权。

用正确的提问方式掌握谈判的主动权

提出问题的时候,应该事先让对方知道你想从这次谈判中得到什么。如果对方明白了你的意图,有的放矢地做出回答,你就可以掌握大量信息,从而掌握主动权。

巧妙的提问,才是口才好的标志。怎样才能问得巧呢?首先是选择恰当的提问形式。

限制型

这是一种目的性很强的提问方法,能帮助提问者获得比较直接的答案。限制型提问的特点是限制对方的回答范围,有意识地让对方在所限范

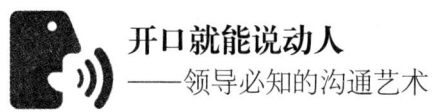

围内做出回答。

婉转型

用婉转的方式和语气在适宜的时间向对方发问。这种提问是在没有摸清对方虚实的情况下投石问路。这样做既可以避免因对方拒绝而出现的难堪，又能探出对方的虚实，达到提问目的。

例如，谈判一方想把自己的产品推销出去，但并不知道对方是否会接受，又不好直接问对方要不要，于是可以试探地问："这种产品的功能怎么样，你能评价一下吗？"

启示型

这是一种声东击西、先虚后实、借古讽今的提问方法，通过启发对方对某个问题的思考，引导出提问者想要得到的回答。

协商型

如果想要对方同意自己的观点，应尽量用商量的口吻向对方提问，例如问"你看这样写是否妥当"，这种提问方式对方比较容易接受。而且，即使对方不能接受你的条件，谈判的气氛仍能保持融洽，双方仍有回旋的余地、合作的可能。

提出问题的时候，应该事先让对方知道你想从这次谈判中得到什么。如果对方明白了你的意图，有的放矢地做出回答，你就可以掌握大量信息。但提问切忌随意和带有威胁性，从措辞到语调，提问前都要仔细考虑。提问恰当，有利于驾驭谈判进程，反之，将会损害自己的利益或使谈判节外生枝。

第十二章 谈判艺术：唇枪舌剑之间，掌控大局

掌握谈判中的语言策略

老练的谈判家不会让对方的心思逃过自己的眼睛和耳朵，会从对方的手势、表情一直看到对方的心里。

谈判桌上向来是虚虚实实、真真假假。成功的谈判者要用心倾听对方的话，注意对方的措辞、语气和声调，从那些看似无意的词句中捕捉有用的信息。

此外，人的肢体语言也会传达许多微妙的信息，老练的谈判家不会让对方的心思逃过自己的眼睛和耳朵，会从对方的手势、表情一直看到对方的心里。

学会否定对方

谈判是为了争取利益，所以应该尽量争取最大的利益。但根据特定的情势，做出必要的让步也是明智之举。例如，当双方因价格问题而僵持不下时，如果卖方做出灵活姿态，把价格适当压低一点儿，买方见卖方有诚意，也让一步，增加订单数量，于是达成交易，于双方都有利。如果一方死守自己的条件不放，而对方又无法接受，谈判只能陷入僵局，这对双方都没有好处。

所以，做出有限的让步，最后不一定吃亏，这是打破僵局、达成一致

开口就能说动人
——领导必知的沟通艺术

的一种方法。一切的谈判都是以适度的妥协为原则的,这是一个必然。

巧妙地施加压力

在谈判中施加压力,是凭自己的实力向对方进攻的一种策略,是实力的较量。

施压包括拒绝要求、拒绝让步、制造僵局、表示即将退出谈判等手段。即使是施加压力,也不可咄咄逼人,而是要不露痕迹,将施加压力说成是客观的、必然的,或己方不得已的行为。施加压力要采取叙述的口气,而不是指责的口气,要采用暗示的方法,而不是从正面威胁。

以弱击强

以弱击强也是谈判的一个策略,谈判桌前的惯用方法是将自己描述成一个处处受节制而不能做出最后决定的人。例如向对方说明"我对该业务不在行""这件事还得请示我们经理"之类的话,一是为了试探对方的底线,二是为争取主动,取得谈判最后的胜利。

突击与迂回结合起来

突击与迂回结合起来更有力量,因为迂回在谈判中显得持之有据,言之有理。

谈判时,避开对方正常的心理期待,从一个被对方忽略的地方进行突

第十二章 谈判艺术：唇枪舌剑之间，掌控大局

破，尽可能让对方的思维、判断脱离预定轨道。等到对方的心理逐渐适应你的思维逻辑，再转而实施正面突击，常常会出现转机。

广东一家玻璃厂厂长率团与美国欧文斯公司就引进先进的浮法玻璃生产线一事进行谈判，双方在部分引进还是全部引进的问题上陷入僵局。中方部分引进的方案，美方无法接受。

"全世界都知道，欧文斯公司的技术是第一流的，设备是第一流的，产品也是第一流的。"中方首席代表转换了话题，先来三个"第一流"，诚恳而中肯地称赞了对方，这样的"突击"使对方由于谈判陷于僵局而产生的沮丧情绪得以消除。

"如果欧文斯公司能够帮助我们广东玻璃厂跃居全中国的第一流，那么，全中国人民会感谢你们。"这里，刚刚偏离的话题，似乎又被拉了回来。但由于前面说的话，已解除了对方心理上的对抗，所以，对方听到这些话时，似乎也觉得顺耳多了。

"大家都知道，现在意大利、荷兰等几个国家的代表团，正在和我国北方几个省份的玻璃厂进行引进生产线的谈判。如果我们这个谈判因一点点小事而归于失败，那么，不利的不仅是我们广东玻璃厂，更重要的是欧文斯公司方面将蒙受巨大的损失。这损失不仅是生意上的，更重要的是声誉。"这里，中方代表没有直接提到谈判中最敏感的问题，也没有指责对方缺乏诚意，只是用"一点点小事"轻描淡写地说了说，目的当然是冲淡对方对分歧的过度关注。同时，指出万一谈判破裂将给美方造成巨大损失，也是替对方考虑。这一点，对方无论如何是不能拒绝的。

"目前，我们的确因资金有困难，不能全部引进生产线，这点务必请

开口就能说动人
——领导必知的沟通艺术

美国同行们理解和原谅。希望在我们有困难的时候,你们能伸出友谊之手,为我们将来的合作奠定一个良好的基础。"在这段话中,对方已经成为中方的朋友,双方不像是在做买卖,而是朋友之间互相帮助,说得通情达理。

经过中方代表的不懈努力,僵局被打破了,协议签订了,为这家工厂节约了几百万美元的外汇。

突击与迂回结合更有力量,因为迂回策略在谈判中显得有理有据,言之有物。而突击迂回中所提及的理由,应该是对方没有考虑过的,或至少是考虑得不周全的。这样,说出来的话才有信息量,才会引起对方的注意,并加以思考。

使用这个策略,说话的人态度要始终充满自信。当谈判双方在某个问题上争执不下时,自信加技巧是胜利的前提。谁更自信,谁说话更有技巧,谁获得成功的可能性就越大。

灵活应对谈判对手

谈判桌上的对手千差万别,无论经验如何丰富,都很难做到万无一失。因此,对不同的谈判对象要灵活应对,才能有取胜的把握。

谈判桌上主要有以下四种对手,针对不同的对手,要用不同的谈判

第十二章 谈判艺术：唇枪舌剑之间，掌控大局

技巧：

坦率的对手

这种对手的性格使他们能直接向对方表示出真挚热烈的情绪。

在磋商阶段，他们几句话就能把谈判引向实质性阶段，因为他们自身就精于用坦率获得最直接的利益，所以希望别人也能像他们一样直接。对付这样的对手，应该适时保持沉默，可以显示谈判的真诚，但绝不能跟着他们的套路走下去。

冷静的对手

这种对手在谈判的寒暄阶段表现得相对沉默。他们很少采取主动，讲话慢条斯理，在开场陈述时有条有理，没有丝毫破绽。他们最擅长提建设性意见。在与这种人谈判时，应对他们坦诚相待，保持足够的冷静，以其之人之道还治其人之身。

死板的对手

这种人的谈判特点是把准备工作做得完美无缺，他们直截了当地表明希望做成交易，准确地确定交易的形式，详细规定谈判中的议题，然后把所有涉及议题的内容确定下来。他们对报价表中的价格非常重视，绝不轻易更改。

死板的人不习惯让步，讨价还价的余地很小，和他们打交道的最好办法是在报价之前进行摸底，尽量提出对方没想到的细节，先行出击。

爱面子的谈判对手

这种人最好对付，他总是有意无意地渴望对方把他看作是大权在握和起关键作用的人，喜欢被夸奖和赞扬。只要给足他们面子，对他们大加赞赏，谈判就会有良好的结果。

开口就能说动人
——领导必知的沟通艺术

进攻的同时还要注意防守

当谈判中的一方实力较强,处于主动地位时,可以依靠优势直接发起猛攻;当谈判中的一方处于被动时,就应该采用防御策略。

防守与攻击,是谈判中必不可少的两个方面。在谈判时既要做到向对方进攻,尽可能地让对方同意我们想要的结果。同时也要做好防守,保护好己方不受损害和牵制。

攻击策略

当谈判中的一方实力较强,处于主动地位时,可以依靠优势直接发起猛攻。

为了说服对方接受某个主张,可以反其道而行之,提出一项相反的主张,这就是逆向谈判法。有的谈判者总怀疑对手,所以很难说服这样的谈判者接受他人的建议。对此,故意提出截然相反的建议反而能诱导对方接受前面的信息。

最后期限法也比较有效。大多数谈判都是到了最后期限才能达成协议。谈判开始时规定最后期限,也是一种谈判策略。心理学专家指出:当最后期限到来时,人们迫于期限的压力,会迫不得已改变原来的主张,以求尽快解决问题。

第十二章 谈判艺术：唇枪舌剑之间，掌控大局

在谈判中常有这样的情况，在谈判开始时，就告知对方最后期限，对方原本并不注意，但随着期限的临近，内心的焦虑就会渐渐增加，并表现出急躁情绪。等到了截止日期，不安和焦虑就会达到高峰。

防御策略

当谈判一方处于被动时，就应该采用防御策略。防御策略包括以下几方面：

避重就轻：谈判的目的是要使双方都得到利益上的满足，当谈判出现僵局时，在次要利益上可以做出让步，但在重要问题上仍要坚持自己的主张。

抑扬对比："抑"是贬低对方的条件，"扬"是适当时夸张己方的优点。在谈判过程中，当对方趾高气扬，宣扬自己的优势，形成压迫感时，自己这一方可以根据自己的详细资料，采用抑扬对比的策略。

缓兵之策：当对方占据主动，己方不能接受对方要求导致谈判陷入僵局时，可以采用缓兵之策。例如宣布休会，以争取更多的时间制定应对策略。

让步策略：在商业谈判中，双方常因为某个问题争论不休。如果没有一方愿意让步，谈判是不可能成功的。让步是保证谈判成功的策略，而每一个让步，均应考虑其对全局的影响。

开口就能说动人
——领导必知的沟通艺术

谈判桌上的"五忌"

在谈判中,即便是谈判高手,也有失败的时候。"智者千虑,必有一失",对处于弱势的一方来说,只要抓住这"一失",就能转弱为强,反败为胜。

忌低估自己

激烈的竞争可以激发个人的潜能,大部分人拥有的能力比他们想象的要大。因此,在谈判时绝对不能承认自己是弱者,不要低估自己的实力,否则谈判之前就输了。

忌被对方身份吓倒

人们习惯于区分级别,往往把这种态度也带到谈判桌上来。要记住,有的专家是伪装的,有的博士跟不上时代,有的权威人士缺乏影响力,有的人尽管拥有很高的地位,却根本没有勇气证实自己的理念。所以不要被对方的头衔和地位吓住,应保持怀疑的态度,敢于挑战,才能取得胜利。

忌太早暴露全部实力

逐渐展现自我的力量,比马上暴露出全部实力更有效。慢慢地展现力量,给对方压力,促进其改变意见,并且给双方一个缓冲的时间,从而适应和接受彼此的观点。

忌过分强调自己的困难

不要过分在意你可能遭到的损失，也不可过分强调自己的困难。即使谈判已陷入僵局，也要关注对方的行为，随时观察对方存在的问题，才有可能利用一切机会，摆脱窘境。

忌接受最初的价格

假如对方第一次出价高于预期，许多人会立刻接受。实际上，最好不要轻易接受对方的第一次出价。原因有两个：首先，在谈判过程中，对方可能会再做一些让步；其次，拒绝会使对方有一种摸不着头脑的感觉，以为自己出价太低。而不管是哪一种情况，太快接受对方的出价都是不妥当的。

遵守商务谈判的法则

如果没有准备好，就不要开始谈判。要拒绝"尝试谈判"的诱惑，因为没有未卜先知的聪明人。尽一切可能了解对方，才是胜利的前提。

商务谈判指不同的经济实体为了各自的经济利益，为了满足双方的需要，通过沟通、协商、妥协、合作等方式，把一些可能的商机确定下来的活动过程。商务谈判有特定的法则。

开口就能说动人
——领导必知的沟通艺术

只有在非谈不可时才谈判

商业上有一个原则：努力使自己处于一种没有必要进行讨价还价的地位。

如果想不进行讨价还价就得到想要的一切，而且十分确信那就是己方所能得到的一切，那么只需把自己定下的条款说出来，坚决不让步就够了。绝不要因想做成生意的一时冲动而背离这一立场，必须让对方感到只能在枝节问题上交涉，核心问题是不可以谈判的。

除非已有充分准备，否则不要和对方讨论任何问题。

通常，谈判最初的一刻钟便可以确定谈判的总体框架，但后面的谈判总是一轮接着一轮，花在辩论和争执上的时间很长。这就要求谈判者必须事先有所准备。而如果一方准备得不充分，那么他们是无法占据主动位置的。

总之，如果没有准备好，就不要开始谈判。要拒绝"尝试谈判"的诱惑，因为没有未卜先知的聪明人。尽一切可能了解对方，才是胜利的前提。

不可强求和恋战

对于喜欢但无法获得的东西，人总会产生强烈的获取欲望，但对于谈判者而言，虽然对某件事有强烈的获取欲望，但不应流露出来，更不可强求。否则谈判的力量将被大大地削弱。

谈判者应该做的是，对于对方的提议不要表现得太热心，只要让对方感到你对此有兴趣即可，这会增加自己谈判的力量。

向对方施加压力要有分寸

为了扭转谈判中的不利局面，促使对方降低原先的要求，往往需要施加适当的压力。在向对方施加压力时,一定要注意一点:向对方施加的压力越大,对方反击过来的力量也越大,甚至可能造成谈判破裂。所以,在施加压力时,掌握分寸是十分重要的。

不要踏入谈判的误区

商业谈判是为了做成生意,寻求共同的利益,所以应当避免不必要的冲突和对抗。同时不要忘记,谈判既然是利益之争,就不可能没有冲突和对抗。

谈判中,人们很容易进入某些误区,使谈判的困难大增。让我们看看以下这四个误区:

话多露底

有些谈判者是话多的人,一坐下来,不等对方设圈套,三言两语就把自己的"老底儿"和盘托出,从一开始就处于被动。因此要记住,不能透露过多情况。"说者无意,听者有心",任何一句看似不经意的话都可能成为对方反击的把柄。

未经思考表态

在谈判中,有的人不经仔细思考就表态,接受对方的方案,继而发觉不太妥当,再想改口就难了。

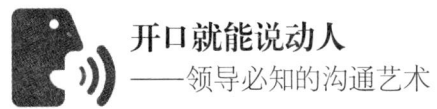

开口就能说动人
——领导必知的沟通艺术

正确的做法是不急于表态,而以反问的形式弄清对方提出的实际内容是什么,对己方是否有利,再做决定。轻易地接受空洞的条约,往往是掉入陷阱的开始。

回避一切冲突

商业谈判是为了做成生意,寻求共同的利益,所以应当避免不必要的冲突和对抗。同时不可忘记,谈判既然是利益之争,就不可能没有冲突和对抗。回避一切必要的冲突恰恰是对权利的放弃。

对方要求你让步,你就一声不吭地同意并做出让步,这种谈判当然不会有冲突和对抗,但争取自己的利益就成了天方夜谭。一个好的谈判者应该设法避免不必要的对抗和冲突,但绝不畏惧对抗和冲突。在该争取的利益上,不轻易后退半步,这样的人反而会受到对手的尊敬。

以退出谈判相威胁

退出谈判是万不得已的决定,这意味双方交易结束,又得重新选择新的生意伙伴,可能因此而失去销售的最佳时机。因此,一个好的谈判者要有耐力,要磨出结果来。看到谈判目标可能无法实现,就沉不住气、失去理智,以退出谈判威胁对方,这只是软弱无能的表现,不但不能逼迫对方就范,反而容易激发对方的对抗心理。

第十二章 谈判艺术：唇枪舌剑之间，掌控大局

有时沉默比雄辩更有力量

沉默不等于没有态度，在某种意义上来说它是一种积蓄和酝酿，是等待爆发的过程。那种深邃的思想，正是来源于这样沉默的思考过程。

"沉默是金"是一句很朴素的话，却蕴含了发人深省的哲理。有些人一谈到辩论，便会说起如何说服对方、怎么显示口才，总有这样一种误区，觉得必须把声音提得特别高才有气势，才能压倒对方，取得胜利。这种想法其实是错误的，效果甚至会适得其反。

沉默具有特殊的意义。沉默不等于没有态度，在某种意义上来说它是一种积蓄和酝酿，是等待爆发的过程。其实，这种形式上的静止，并不能代表思想上的停滞。那种深邃的思想，正是来源于这样沉默的思考过程。

有一个善于运用沉默的人，他就是战国时候的范雎。当秦昭襄王第一次召见他时，范雎所采用的便是沉默说服法。

当时秦昭襄王在位已经36年，但国家军政权力仍掌握在他的母亲宣太后和叔叔穰侯的手中，昭襄王无法独立执政，不能进行变革。范雎就是在这时到达秦国的。

他先给昭襄王上书，说自己有办法使秦国强大，还暗示了如何处理昭

开口就能说动人
——领导必知的沟通艺术

襄王与宣太后关系的问题。昭襄王觉得很有道理，便召见范雎。

在召见那天，范雎故意事先在接见地点四处闲逛，昭襄王驾到时，侍臣看到有人在附近，便喊道："大王驾到，回避！"范雎故意提高声音说："秦国哪有什么大王，只有宣太后和穰侯！"这话说中了昭襄王在心中积压许久的痛。

接见范雎时，昭襄王说："早该拜见先生，只是政务烦心，每天去请示太后，所以拖到现在。我生性愚钝，请先生不要客气，多加教诲。"但范雎一言不发，只是向四周顾盼。大厅内气氛十分凝重，群臣们不安地关注事态的发展。

昭襄王猜想可能由于众大臣在场，范雎有所顾忌，就屏退众大臣，但范雎仍然一言不发。昭襄王于是问道："先生用什么赐教我？"范雎开了口，说："是，是。"一会儿，昭襄王又一次请教，范雎仍只是说："是，是。"如此重复了好几次。

后来，昭襄王长跪不起，说："先生不肯指教我吗？至少也该解释一言不发的理由吧！"这时，范雎才拜谢道："不敢如此。"于是滔滔不绝地谈下去，而内容就是著名的"远交近攻"策略，同时也谈及宣太后、穰侯等人独断专权、架空昭襄王一事，并提出应对策略。秦昭襄王听了范雎的话之后十分赞赏，马上任命他为顾问。几年后，又让范雎做了秦国宰相。

后来，昭襄王对范雎说："过去齐桓公得到管仲，时人称他为'仲父'；现在我得到您，也要称您为'父'！"

而在现代，也有人刻意运用沉默作为说服的方法，这人就是尼克松。

第十二章 谈判艺术：唇枪舌剑之间，掌控大局

在与肯尼迪的竞争失败之后，1968年，尼克松再度角逐美国总统。由于有过惨败的经验，这一次他彻底改变了形象。其战略之一就是"无言的说服"。在迈阿密召开的共和党大会中，尼克松刻意沉默，以求在党员心目中建立"自信强者"的形象。若非开口不可，所谈的也仅仅是"法与秩序"，以及"我一定全力以赴"，任何政策都绝口不提。尼克松的无言战略果然奏效，他最终以微弱优势击败了民主党候选人汉福瑞，洗刷了1960年大选失败的耻辱。

这种无言战略，并不是什么新颖的说服方法。中国古代贤人中，尤以老庄为代表，把这种无言的方法看得十分重要。

"不言之教，无为之益，天下希及之。"很多时候，沉默比雄辩的力量更强大。

第十三章　媒体艺术：在公众面前彰显风采

　　作为领导，有很多机会与媒体接触、接受采访、录制访谈节目，甚至参加公益节目宣传。与媒体沟通成功，对企业和个人形象会起到很好的提升作用，而如果沟通失败，会造成严重的后果。所以身为领导，必须掌握和媒体沟通的技巧。

第十三章 媒体艺术：在公众面前彰显风采

掌握接受采访的语言技巧

想要提高自己应对记者提问的水平，可以多看看知名人士的回答。他们的回答往往会博得阵阵掌声，其中一个主要原因就是他们的话真诚而简洁，一是一，二是二。

保持良好仪态

领导接受采访，一定要保持良好的仪态。首先是姿态要端正。坐姿端正，举手投足动作也不要太大，不可坐立不安，举止失态。其次，面向观众讲话时应该避免左顾右盼，并做到说话语速适中，节奏平稳。太快的语速会给人没见过大场面的感觉。

抓住采访主题，做好充分准备

即使采访中的问题领导已经事先得知，怎么回答也很清楚，但还是要事先准备几遍。演讲或回答的稿子不要原话照搬，领导在回答问题时，必须将自己的性格和特点表现出来，自己的语言代表了自己的形象，一个只会背稿子的领导让人觉得没有真才实学，难以让人信服。

开口就能说动人
——领导必知的沟通艺术

回答提问坦率真诚

谈话中不宜拖长音,像"啊""是嘛"这样的官腔,说得太多别人就会厌烦。其实,想要提高自己回答记者提问的水平,可以多看看知名人士的回答。他们的回答往往会博得阵阵掌声,其中一个主要原因就是他们的话真诚而简洁,一是一,二是二。

对于一时无法回答的问题,可以直言相告:"对不起,这个问题我无法回答。""这个问题在这里一时半会儿讲不清楚,可以改天单独交流。"回答的时候要面带微笑,就算问题很尖锐,或者提问的人态度不好,领导也要心平气和。

创造轻松友好的气氛

任何情况下,被采访者都要注意与记者、观众的交流,很大一部分交流体现在语言表达和眼神注视上。措辞上要尽量用一些幽默的词语。而目光交流则要求领导适当环视四周,可以点头问候,或目光交流,让别人感觉被注意到了。

灵活应对不同形式的采访

那些随口说出的话,无论是在采访前、采访中,还是采访后,都可能会成为被引用的对象,所以要格外注意。

第十三章 媒体艺术：在公众面前彰显风采

作为领导，只有在充分了解媒体各种采访形式后才能从容面对，充分发挥自己的语言优势。

面对面采访

如果记者要进行面对面采访，被采访者通常会提前得到通知，这样就有很多时间进行准备。在进行实际采访时，沟通的方式有时要比讲话内容更重要。

采访的目的是得到录音、录像片段和现场情况等信息，其中通常会涉及周围的环境和声音，所以要事先检查工作环境。其次，在接受采访时注意自己的面部表情和肢体语言，避免流露出负面信息。

同时，那些随口说出的话，无论是在采访前、采访中，还是采访后，都可能会成为被引用的对象，所以要格外注意。

电话采访

毫无疑问，进行电话采访时，记者会录音。如果不能确定是否有电话录音，可以事先询问清楚以便做准备。接受电话采访时一定要发音清晰，语速放慢，在声音中表现自己的自信，对关键词可以适当强调，不要因为对方沉默而感到有压力。

在回答每个问题之前，都可以稍微停顿一下，整理好思路。虽然看不到对方的面部表情，但可以调动自己的情绪，让语调充满热情。

热线广播节目

如果被邀请当某节目的现场嘉宾，就事先要了解这个节目是怎样安排的，听众是否会跟嘉宾长时间互动，主持人是否会介入，什么时候介入。

作为嘉宾，目标是和那些打来电话的热心听众沟通，回答听众的问题。所以应该努力与热心听众建立良好关系，回答问题前先确认对方的提

问,然后再进行作答。如果发现对方不愿意接受自己的观点,也不要动怒,只要礼貌地表示尊重对方的选择,然后接听下一个电话即可。

必须要注意的是,一定要对热心听众表示尊重,即使对方对态度不好,嘉宾也可以在其他听众那里赢得好感。

应对媒体要讲究策略

应对媒体时要讲究策略,不能逃避,但又不能过分亲近。

应对媒体主要有以下几个策略:

"硬新闻"策略

通过活动、新闻发布会等方式来吸引媒体关注,或者通过"呼吁"等形式让事件变得具有戏剧性、冲突性,从而吸引媒体报道。

当然,"硬新闻"策略有其消极的一面,它时效性比较强,所以影响力很快就会减弱,但是在受众心目中形成的某种印象却很难改变。所以,通常情况下,使用这种方法的主要目的在于给相关机构施加压力,或是攻击自己的对手。这是一个临时性的方法,并非长久之计。

"软新闻"策略

"软新闻"策略属于一种深度报道策略,常用方式是在媒体的专题版面或者是访谈节目当中接受专访。这就要求被采访者必须投入较长的时

第十三章 媒体艺术：在公众面前彰显风采

间去准备，保持耐心，并且与相关的制片人、记者保持融洽的关系。不仅新闻要有价值，而且双方要达成一定的共识，都认为这件事十分重要，需要报道。

快速响应策略

快速响应策略用于所有因素都已经准备就绪的时候，万事俱备，只欠东风。

如果执行到位的话，可以通过这个策略使那些攻击你的人反受其害。从大局考虑，或是从直面问题的角度做出响应与回击，作用更加明显。

巧妙应对敏感问题

对于敏感问题，在肯定的同时，要阐明问题的原委、发生的原因。如果是决策失误，不要一味地推卸责任，应该主动承担责任，这样至少会留下诚实守信和负责任的企业形象。

有些记者为了追求新闻效果，经常对某些问题追根究底。特别是对那些特殊而敏感的问题，例如对企业遇到困难的传言等，记者更感兴趣，一般都要提问和求证。

对于这类问题，领导可以选择如实回答，但回答也有技巧，不能只说一个"是"字就结了。如果只是单纯地承认，经新闻媒体传播，很容易形

开口就能说动人
——领导必知的沟通艺术

成企业发展已经遇到困难的舆论。

所以正确的方式是在做出肯定回答的同时,阐明问题的原委、发生的原因。如果是决策失误,不要一味地推卸责任,应该主动承担责任,这样至少会留下诚实守信和负责任的企业形象。

但这样工作只是完成一半。更重要的部分是讲述和宣传企业采取的对策,以免让观众对企业失去信心,而且如果对策已经取得了成效,则必须要在这种场合表明,因为这是最有效的宣传机会。在表达的时候,多运用具体数据会更有说服力。

如果这些措施的效果能够在可预见的时间内最大限度地显现,也可以一起讲出来,比如:"随着金融危机影响的减弱,我们又采取了一些积极措施,预计三个月后业绩下滑问题会得到控制。"

但是必须注意,讲述预期效果一定要给自己留有余地,如果到时候承诺无法兑现,企业就会更加被动。这样的表达不仅没有起到正面宣传作用,还损害了企业和领导的形象。

从容应对记者提问

领导在很多场合都难免遇到记者的提问,领导必须要有清醒的头脑,从容地面对。

第十三章 媒体艺术：在公众面前彰显风采

应对现场采访的实况直播时，回答记者提问需要注意以下这几点。

坦率真诚

回答问题要坦率真诚，要尽量面带笑容，即使记者提的问题不好回答或是具有攻击性，被采访者也要心平气和，及时纠正信息中的错误，保持谦虚而友好的态度，从而营造良好的谈话氛围。

巧妙回避

一些记者，尤其是外国的记者，很可能直截了当地提出各种棘手的问题，而接受采访的领导可能事先没有思想准备，或还不宜就这些问题向外界发表意见。这时不必打断或终止记者的提问，以显示领导的礼貌。但在回答问题时，切忌被记者牵着鼻子走。领导要尽量把内容引向自己熟悉的领域，可以采取巧妙回避的方法，把主题拉回来。而对于涉及内部机密的事项，则要婉言谢绝，不予回答。

分清内外

总体来讲，国内的记者有政治纪律和文化传统的约束，提出的问题相对比较温和，一般比较好回答。相对地，国外记者的价值观、政治信仰、社会制度和民族习惯都与我们不同，在严肃感和新闻性、政治性上都与我们有差别。

所以，对那些不是善意的，或是别有用心的，喜欢提古怪刁钻问题并专门渲染消极面的外国记者，领导在回答问题时就要格外慎重。

当然，领导与外国记者的接触要有明确的目标，就是要使中国企业和机构被越来越多的人所了解，同时，也让越来越多的外国记者成为中国人的朋友。所以，在答外国记者问时，要考虑的因素比较多，不仅有个人、企业形象的因素，还有国家因素在里面，必须深思熟虑。

开口就能说动人
——领导必知的沟通艺术

有声与无声相结合

言语沟通是媒体采访重要的组成部分,但非言语沟通对树立企业形象也是必不可少的。只有做到两者协调统一,才能展现给媒体和大众最完美的企业形象。

在和媒体打交道时,既要有言语沟通又要有非言语沟通。言语沟通又叫有声沟通,是媒体采访重要的组成部分,但非言语沟通(无声沟通)对树立企业形象也是必不可少的。做到两者协调统一,才是最完美的。

有声沟通

跟受众当中的某一个具体的人进行交流时,领导尽量不要让自己的话听起来过于正式,最好像一对一的交谈一样,语言充满热情,保持友好的态度,同时要注意礼貌。

语言要简洁:注意不要总出现"啊""呃"等无意义的词语,而且最好可以在每个词之间都保持一定时间间隔。

控制语速:语速太快,受众就会产生一种反感,会感觉讲话者紧张、匆忙或想尽快结束谈话。接受采访的过程中一定要随时调整语速,使自己的讲话显得更加稳重。

声调富于变化:通过强调言语中的关键词,可以让自己讲话的方式更富于变化,使气氛更活跃。

第十三章 媒体艺术：在公众面前彰显风采

适时停顿：在关键词之前或之后有意识地停顿，可以突出这些关键词，并且会让大家感觉讲话的人在思考。

简单直接：清晰直白的语言是至关重要的，因为有助于理解。不要过度使用专业术语，不要总说冗长的句子，这样做只会让听众产生迷惑，感到厌烦。

无声沟通

讲话的人姿态要得体，让受众感觉讲话的人稳重干练。

首先，讲话时上半身要挺直，不要耸肩或身体前倾。双脚应该平放在地上，双肘轻放在椅子扶手上，双手不要交叉在一起，也不可斜靠在一只手臂上或是双手抱胸，这样的姿态会让人感觉你充满防御心理。还要注意不要把脑袋歪向一边，这样会让人感觉讲话的人内心焦虑或虚弱。

其次，要注意自己的面部表情。生动的面部表情会将感情和语言连接起来。可以适当地微笑，舒展眉头，但不要用无谓的表情转移观众注意力，必须把握好沉稳与热情间的平衡。同时注意跟采访者保持目光接触，但不能直愣愣地盯着对方，录像时要看着镜头。

该说则说，不该说的不说

领导与新闻界人士交谈时，所涉及的问题可能是多种多样并且可能是敏感的，这就要求领导把握好语言的分寸。

开口就能说动人
——领导必知的沟通艺术

所谓分寸,是指讲话的人对政策、理论尺度的准确感知与把握。分寸感是衡量领导政治素养与思想水平的重要尺度,它要求领导在与记者交谈时,态度和感情都要恰到好处,不能不够,也不能过火。过犹不及这一点应该牢记于心。

要准确地把握发言的政治分寸,需要说话的人增强政治素质,提高思想修养。

此外,把握分寸还体现在说话的数量上,"言多必失"就是这个道理。美国公关专家特意指出,和记者打交道时,首先要考虑记者的工作,其次才是私人关系。

如果记者虽被告知说某消息或评论是"不许见报"的,但记者仍报道了它,并不一定意味着记者存心跟某人作对,而是出于职业道德的考虑,他认为让公众知道比维持私交更重要。所以当在发布会上,记者收拾设备要离开时,许多被采访者往往容易放松警惕,说出过于随意或有损于企业形象的话,必须注意。

所以面对采访,有一条最基本的原则,就是不要什么都说,即便记者关上了录音机,收起了照相机和摄像机,被采访者也只能对记者讲自己认为可以公布的信息。

第十三章 媒体艺术：在公众面前彰显风采

面对突发采访保持镇定

面对突发采访，切忌慌乱、手足无措，这会给企业和自己的形象带来不良影响。

并非所有采访都是事先安排好的。很多时候领导可能突然遭遇记者"围攻"，比如刚刚开完重要会议走出门来，迎面而来的不是阳光，而是一道道照相机闪光灯的白光。这个时候才是考验领导口才的重要时刻。那么，如何面对突发采访呢？

事先做好心理准备

领导被记者关注，说明近日企业肯定发生了让媒体感兴趣的焦点问题，如企业的人事变动、企业经营状况的变化、社会上关于领导个人生活的传言，等等。这些问题领导本人都应该心中有数，至少有所耳闻，所以应该想到可能会遭到记者的"围追堵截"，因此应事先有所准备，比如会遇到哪些问题，自己将如何回答等。自己先想一想，或征求他人意见，寻找最好的答案才是上策。

保持镇定与风度

被提问时切忌慌乱、手足无措，甚至对记者出言不逊，这会给企业和自己的形象带来不良影响。首先应该做的是保持镇静，让头脑清醒。该面

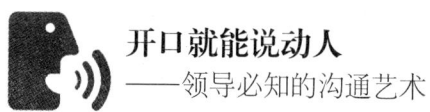
开口就能说动人
——领导必知的沟通艺术

对的始终要面对,该来的始终要来。逃避不能解决问题。

回答问题要谨慎

对那些可以回答的问题,尽量对新闻记者予以配合,有条理地谨慎回答。如果实在无法立即回答,最好与记者约定接受采访的时间,以消除大家的疑虑,也为自己赢得一些考虑与缓冲的时间。

而如果实在不便回答问题,要尽量控制自己的情绪,保持得体的风度。不能气急败坏地乱发脾气。

第十四章 演讲艺术:用语言抓住听众的心

　　演讲,是指演讲者在特定的环境和时间里,以语言为手段,针对某一主题,对广大听众发表见解、抒发情感,从而达到感召他人、促使其采取行动的信息交流活动。

　　演讲是领导经常要做的一件事情。在大庭广众之下说话不是易事,要把话说好,需要动用一些技巧,经过锻炼才能做到。因此,领导者必须掌握演讲的技巧。

第十四章 演讲艺术：用语言抓住听众的心

打好腹稿，做到胸有成竹

做任何事，如果都能做到胸有成竹，临场就不会乱了阵脚。要当众演讲，必须具备打腹稿的能力。

美国公共演讲问题专家理查德总结出一套精选的打腹稿的方法。他认为即兴演讲应分为3个步骤：

首先是开门见山。

开门见山的意思是，必须在演讲开始时激起听众对你演讲内容的浓厚兴趣。他主张演讲开始就直接道出主题。

其次，讲清楚演讲的原因。

这部分应该讲明的是听众为什么要听你的演讲，演讲的内容要让听众感到和自己有直接的利害关系，这样易于吸引听众。

最后，举例子。

如果想把论点形象、简洁地传递给听众，就必须采取举例的方法。生动的事例不但可以深化记忆，激发兴趣，还能起到拓展主题的作用。

在最后这一步，演讲者一定要告诉听众，自己谈这么多，到底是想让大家做些什么，而且最好结合具体案例申明得具体一些。

开口就能说动人
——领导必知的沟通艺术

一上台就抓住听众的心

俗话说，万事开头难。演讲也是如此，在说开场白时，用三言两语抓住听众的心绝非易事。如果演讲开始就给听众留下无聊的印象，以后就很难改变。

演讲者一上台就一本正经地演讲，会有生硬的感觉，让听众觉得难以接受。所以不妨以眼前的人和事为话头，由此展开，把听众不知不觉地引入演讲之中。

1863年，美国葛底斯堡国家烈士公墓竣工。落成典礼那天，国务卿埃弗雷特站在主席台上，四周的人群、麦田、牧场、果园、连绵的丘陵和远处的山峰历历在目。他心潮起伏，感慨万千，立即改变了原先想好的开头，从此情此景谈起："站在明净的长天之下，从这片经过人们终年耕耘而今已安静憩息的辽阔田野放眼望去，那雄伟的阿勒格尼山隐隐约约地耸立在我们的前方，兄弟们的坟墓就在我们脚下，我真不该用我这微不足道的声音打破上帝和大自然所安排的这意味无穷的平静。但是我必须承担你们交给我的责任，我祈求你们，祈求你们的宽容和同情……"

这段开场白语言优美，节奏舒缓，感情深沉，人、景、物、情是那么完美而自然地融合在一起。当埃弗雷特刚刚讲完这段话时，不少听众已热泪盈眶。

需要特别注意的是，即兴演讲不是故意绕圈子，所以切忌离题万里、漫无边际。演讲者必须自己心中有数，才能让所讲内容与主题相互辉映。

演讲的语言要简洁明了

在演讲中，想要做到语言简洁，一定要注意句式变化，多用短句，少用长句。

说话简洁明了，一语中的，而又含蓄蕴藉，这不仅是好口才的基本要求，也是演讲的最高境界。

某位专家有一次被邀请到一个学术会议上发表讲话。

在他前面有另外两个教授先讲，这两个教授讲话空洞无物，讲的时间又特别长。等他们讲完，台下的与会者早已经被折磨得疲惫不堪。

这位专家走上讲台后，望了一下台下，用力敲了敲桌子，然后提高嗓门，只说了一句话："绅士的演讲，应该像女士的超短裙一样，越短越好。谢谢大家，我的演讲结束了。"台下顿时爆发出了雷鸣般的掌声。这一句话，堪称演讲史上简洁用语的典范。

开口就能说动人
——领导必知的沟通艺术

这就是简洁的力量。好的演讲总是字字珠玑、简练有力，让人印象深刻。几乎所有演讲大师都是这样做的。

最短的总统就职演说是1793年华盛顿的就职演说，仅用了135个英语单词。

法国前总理洛朗·法比尤斯也是这方面的楷模，1984年7月17日，57岁的他在发表演说时，演讲词只有两句："新政府的任务是实现国家现代化，团结法国人民。为此要求大家保持平静和表现出决心，谢谢大家。"语言真诚，措辞委婉，表达精辟。

在演讲中，想要做到语言简洁，一定要注意句式变化，多用短句，少用长句。短句的表达简洁明快，活泼有力，可以十分干脆地叙述事情，也可以充分地表达出紧迫、激动、热情的情绪，或者传递出坚定的意志和肯定的意味。因此，短句很适合在演讲的场合中使用。

带着真挚的感情去演讲

我们都是拥有感情的人，真挚的感情是做事成功的基本要素之一，当一个人带着真挚的感情去做事时，他已经成功了一半。

"假如你紧握双拳来找我，我想我也会不甘示弱。"美国第28任总统伍德罗·威尔逊这么说，"但如果你对我说'让我们坐下讨论讨论，看问题的症结在哪里',那么我是可以接受的。"

一时的愤怒只能使矛盾激化,对解决问题没有一点儿帮助。充满愤怒的声调和敌对的态度,并不能够让争吵的双方让步。这样做的结果更多是彼此失掉和气,甚至反目成仇。所以,不妨用富有人情味的方式"化敌为友"。

1915年,科罗拉多州发生了美国工业史上最激烈的罢工,愤怒的矿工要求科罗拉多燃料钢铁公司提高薪水,当时小洛克菲勒负责管理这家公司。由于群情激愤,公司的财产遭到破坏,军队前来镇压罢工工人,可以说是民怨沸腾。

小洛克菲勒花了好几个星期拜访员工的家庭,并向罢工者发表演说。

"这是我一生中最值得纪念的日子,因为这是我第一次有幸和这家大公司的员工代表,还有公司行政人员和管理人员见面。我很高兴站在这里,有生之年都不会忘记这次聚会。假如这次聚会提早两个星期举行,那么对你们来说,我只是个陌生人,我也只认得少数几张面孔。上个星期以来,我有机会拜访附近整个南区矿场的营地,私下和大部分代表交谈过。我拜访过你们的家庭,与你们的家人见面,因此现在我们不算是陌生人,可以说是朋友。基于这份互助的友谊,我很高兴借着这个机会和大家讨论共同利益的问题。

"由于这个会议是由资方和劳工代表所组成的,承蒙你们的好意,我得以坐在这里。虽然我并非股东或劳工,但我深感与你们关系密切。从某种意义上说,我也代表了资方和劳工。"

小洛克菲勒的演说精彩绝伦,不但平息了众怒,还为他自己赢得了不

开口就能说动人
——领导必知的沟通艺术

少赞赏。

我们都是拥有感情的人,真挚的感情是做事成功的基本要素之一,当一个人带着真挚的感情去做事时,他已经成功了一半。

气氛热烈,听众的热情才会高涨

不能营造热烈的气氛带动听众情绪,场面冷冷清清的话,就称不上成功的演讲,也起不到好的效果。

演讲的氛围很重要。气氛热烈,听众的热情高涨,演讲才算成功。那么,怎样才能营造热烈的气氛?当场面冷清的时候,演讲者可以随机应变,给听众以积极的刺激。

一位专家应邀在学术会议上做演讲。到了会场以后他才发现,来的人非常少,台下稀稀拉拉地只坐了十几个人。他觉得有点儿尴尬,可又不能不讲,于是他灵机一动,说:"会议的成功不在人数多少,中国共产党第一次党代会只有12个人参加,可是意义非凡。今天也一样,来的都是精英,所以我更要讲好。"

这番话一说,大家都被逗得开怀大笑,现场的气氛活跃起来,再加上

第十四章 演讲艺术：用语言抓住听众的心

这位专家表现得充满激情，在听众极少的情况下演讲也取得了成功。

其实，不仅演讲如此，生活中很多场合都需要一定的氛围。比如，每逢春节，家家户户贴春联，人们能借此感受到过年的气氛；店铺开业时，总要挂满彩旗，摆满有关单位、亲朋好友赠送的花篮，门口站着身披绶带的迎宾小姐，商家其实就是通过营造一种热闹气氛来吸引顾客的注意，达到宣传目的。一场电影将要上映，为了吸引更多的人前来观看，也需要营造一定的氛围，这就是"造势"。只有"势"造得好，宣传的效果才会好，观众才受感染。

让演讲的开场白富有吸引力

为了使演讲开场白富有吸引力，可以在一开始就制造悬念，激发起听众的强烈兴趣。

想用开场白吸引在场的人，可以运用制造悬念的方法。制造悬念不是故弄玄虚，悬念应在适当的时候解开，使听众的好奇心得到满足，同时也要让前后内容互相照应，结构浑然一体，才不致有纰漏。

想要在演讲的开头吸引人，还有一些办法，比如向听众提几个问题，请大家和演讲者一同思考，可以迅速引导听众进入共同的思维空间。之后

开口就能说动人
——领导必知的沟通艺术

再把自己的见解讲出来，自然可以使听众愿意把话听进去。

开场白要吸引人，必须在语言上下功夫。生动活泼的语言也能够活跃现场气氛，把听众的注意力牢牢抓住。

1990年，中央电视台邀请凌峰先生参加春节联欢晚会。当时，许多内地观众对他还很陌生，可是当他说完一段妙趣横生的开场白后，一下子得到了观众认同，演出大获成功。

他说："在下凌峰，我和文章不同，虽然我们都获得过'金钟奖'和最佳男歌星称号，但我以长得难看而出名……一般来说，女观众对我的印象不太好，她们认为我是人比黄花瘦，脸比煤炭黑。"这一番话妙趣横生，让观众捧腹大笑，给人们留下了非常坦诚而又风趣幽默的良好印象。

不久，在"金话筒之夜"文艺晚会上，凌峰再次出场。他满脸笑容地对观众说："很高兴又见到了你们，你们很不幸又见到了我。"观众大笑，报以热烈的掌声。至此，凌峰的名字传遍了祖国大地。

这是一种生动活泼的开场白，以自嘲来开场，也可以吸引听众注意力。

随机应变，避免出现尴尬的局面

对于演讲时出现的突发事件，大多是演讲者是无法预料到的，这就需要演讲者随机应变，临场发挥，避免出现尴尬的局面。

第十四章 演讲艺术：用语言抓住听众的心

具备良好的应变和控制能力，就是要把握住听众的心理和兴趣，及时修正、补充自己的演讲内容。

美国大律师赫尔有一次为当事人辩护时，不小心摔倒在台角，衣服破了，帽子也掉了。出现这样的情况是律师的不幸，本来听众应该对此给予同情，可下面却爆发出笑声、掌声和口哨声。

这时，赫尔很镇定地站起来，微笑着面向观众说："对不起，各位，此时此刻，我太激动了。一是为我的当事人，二是为了大家，激动得我手足无措。衣服破了不要紧，帽子掉了不要紧，只要真理还在心中。"

律师面对听众的嘲讽，不是针锋相对，而是及时化解。话一出口，台下爆发出热烈的掌声，此时的掌声是发自内心的。

那么，一个成功的演讲者需要哪些应变与控制能力呢？

控制感情，掌握分寸

当发生意外情况时，必须保持镇静，心态要稳定，然后再控制感情，掌握分寸。不要在讲台上因为惊慌失措而失态。

从容回答，妙语解围

演讲时，常有听众提出尖锐的问题，这时候该如何应对呢？演讲者要学会从容地回答听众的问题，特别是那些十分棘手的问题。如果发火、批评对方，或是强行压制情绪，只会使自己陷入窘境。不妨采用以诚相待、妙语解围的办法，变被动为主动。

开口就能说动人
——领导必知的沟通艺术

将错就错，灵活处理

在演讲中完全避免说错话是很困难的。要注意出错后不要抓耳挠腮，也不要冷场过久。有人得出这样的结论：在演说中冷场15秒以上，听众就会感到奇怪；冷场30秒以上，听众会窃窃私语，想知道出了什么问题；冷场时间再长一些，听众就会普遍感到不耐烦了。所以，演讲者万一说错了话，不妨将错就错，灵活处理。

形象化的语言更容易被理解

法国哲学家艾兰说："抽象的东西总是难以理解的，在你的句子里应该充满石头、金属、椅子、桌子、动物、男人和女人。"

在说话时，要注意使用形象化的语言，在演讲中更要注意。形象化的语言让听众更容易理解和接受。一段短小精悍、深入人心的演讲，离不开语言的形象化。

某公司的老板在一次公司的公开会议上这样说："我们公司的力量还很小，就好比一块小石头；某某公司的力量很大，就好比一口大水缸。只要我们咬紧牙关，不断努力，不断创新，我们这块小石头迟早会将某某公司那口大水缸砸烂，我们将站在行业的前沿。"

第十四章 演讲艺术：用语言抓住听众的心

要让听众理解你说的话，还有一项极为重要的技巧，就是用景象描绘。用景象描绘就是使用可以形成图画般景象的字眼。善于演讲的人，大都是塑造景象的高手。

卡耐基总结他的成功之道时说："景象！景象！景象！它们如同我们呼吸的空气一般，是免费的呀！把它们'撒'在演讲里，你就更加能够打动别人，也会更具影响力。"

一个知道怎么把话说生动的人，能使所说的景象浮现在听众的眼前；而那些不会讲话的人，只会使用平淡无味的语言，让听众昏昏欲睡。因此，演讲者应该把景象用在演说中，这样更能感染听众，让听众接受自己的观点和态度。

一篇好的演讲稿，讲出的话要能够让听众理解，这是最基本的要求，但这与成功的演讲相去甚远。必须用形象化的语言把抽象变为具体，让深奥变浅显，使枯燥变有趣。

通俗化的比喻也能起到形象化的效果。

1937年，郭沫若从日本只身返回祖国参加抗日战争，上海地下党组织各界人士集会，欢迎他与获释的"七君子"返沪。

郭沫若做了精彩的发言："政府好像是个火车司机，人民好比火车上的乘客，司机、乘客是前往同一目的地的，乘客只有一致服从司机，才能达到共同的目的地。但是如果开车的司机是个喝了酒的醉汉，或者他已经睡着了，这个时候全车乘客都将有生命之危，怎能安全到达目的地？这样我们就不能再服从他了。我们不但不服从他，而且应该叫醒他！"会场上

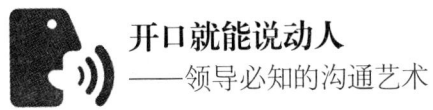

开口就能说动人
——领导必知的沟通艺术

掌声雷动。

他接着说:"即使没喝醉,这个司机也不是一个好司机,他是不会注意安全行车的。前面轨道上堆放着许多石块,他还是继续向前开,全体乘客的生命危在旦夕,这时为了自己的生命着想,全体乘客就不能盲目地服从他,大家应该命令他停车,一齐动手把石块等障碍清除掉。"

形象化的语言可以有效渲染事件发生时的气氛,使人觉得身临其境。讲话时,选用形象化的词语,或运用形象化的修辞方式,都可以达到效果。要知道,朴素未必不形象,形象也未必不朴素,要依据演讲者的演讲内容选择语言,服务于演讲主题,这样才能准确地表情达意,让人觉得生动。

只说自己正确,不说别人错误

说话者应该机智、委婉地将不同观点淡化,然后把听众引到自己观点上来,从而使听众淡忘自己原来的意见。

在第一次世界大战结束不久,美国参议院议员洛茨和哈佛大学校长洛维尔,一同被请到波士顿,去辩论国际联盟的问题。洛茨感到大部分听众对他的意见表示反对,可是他决定力争让听众赞同自己的意见。他在演讲

第十四章 演讲艺术：用语言抓住听众的心

中说：

"校长、诸位朋友、诸位先生、我的同胞们：

"洛维尔校长给了我这样一个机会，使我能够在诸位面前说几句话，对此我感到十分荣幸。我们两人是多年的老朋友，而且都是信奉共和党主张的人。他是拥有最高荣誉的大学校长，是美国极有权威和地位的人，还是一位研究政治最优秀的学者和史学专家。

"现在，我们对于当前的重大问题在方法上也许有所不同。然而，在对待世界和平以及美国人的幸福等问题上，我们的目的是一样的。如果你们允许的话，我愿意站在我本人的立场上简单地说几句。我曾用简明的英语说了好多遍了，但是有人对我产生了误解，竟说我是反对国际联盟的。其实，我一点儿也不反对，我渴望着世界上一切自由的国家都联合起来成立我们的联盟，只要这个组织能够真正联合各国，各尽所能，争取世界永久和平。"

听完这样一个开头，一直反对洛茨的人也觉得心平气和，至少相信他是个正直的人。如果洛茨开始就把信任国际联盟的人痛斥一番，其结果当然可想而知。相反，他机智、委婉地把自己的观点和盘托出，听众自然愿意往下听。

所以，当自己要表达的观点和他人的观点相矛盾，自己却要在矛盾中让别人相信自己的意见，并抛弃他原有的意见时，不要一上来就针对他人，说别人是错误的，能机智而委婉地将不同观点融合起来，才是上策。

开口就能说动人
——领导必知的沟通艺术

消除恐惧，勇敢地讲话

任何演说家都是在经历过失败之后才成为雄辩之才的。要知道，诗人可能是天生的，演说家却主要依靠后天的努力。

古今中外的许多著名人物都曾在当众讲话方面失败过。国际工人运动妇女活动家蔡特金第一次演讲时，虽然早就做过细致准备，可一上台，要讲的话一下子从脑子里全溜掉了，大脑出现了空白；作家马克·吐温谈起他首次在公开场合演说时，说那时仿佛嘴里塞满了棉花，脉搏快得像要争夺赛跑奖杯；英国政治家路易·乔治说，他第一次试着做公开演说时，舌头抵在上腭，不能说出一个字。

在美国，曾有人以"你最怕什么"为题询问了3000多人，排在第一的答案就是最怕在众人面前讲话。

英国历史上有位叫狄斯瑞利的政治家曾说过，他宁愿领骑兵去冲锋陷阵，也不愿在下议院做一次演讲。然而，任何演说家都是在经历过失败之后才成为雄辩之才的。要知道，诗人可能是天生的，演说家却主要依靠后天的努力。

为了摆脱失败发言的阴影，不妨试试如下方法：

第十四章 演讲艺术：用语言抓住听众的心

把听众当作朋友

一般人在与亲密的朋友说话时不会怯场，而面对初次见面的不了解的人，就会感到拘束。所以，把陌生人当作朋友是个很好的方法。

日本有位滑稽演员，为了防止怯场，常在手心上写一个"客"字，意思是说"不把客人当回事，就不会怯场了"。

经常回想成功的情景

在演讲时，多想象一下自己与人侃侃而谈，在公众前成功发言的姿态。如果自己有过成功的演讲经历，反复回想，就会产生"一定能获得成功"的信心和强烈的说话欲望，也会使自己的勇气倍增。

如何避免"卡壳"

假如预感到要"卡壳"，可以提前减速，力争绕过暗礁，边回忆边重新组织自己的思绪和表达。

有人在台上演讲，突然讲不下去了，像木头一样愣在当场，这就是"卡壳"。事实上，在演讲中遇到"卡壳"，甚至讲不下去的情况，并非稀罕事，许多人刚开始演讲时都会碰到这种情况。造成这种情况的原因主要是缺乏自信，此外，准备不足，对观众和环境不熟，也会让人感到紧张。那么，如何避免"卡壳"情况的发生呢？

开口就能说动人
——领导必知的沟通艺术

调节情绪，学会放松

演讲时是否正常发挥实力，取决于自己的情绪。一定要放下包袱，调节情绪，让自己处于愉悦状态。在上台前的最后时刻，可以做做深呼吸，抛掉所有的杂念，就会发现自己放松多了。

目中无人，心中有人

看到台下黑压压的听众，有人会吓得浑身发抖、手足无措，这是"卡壳"的一个重要原因。为了消除这种恐惧，不妨自我肯定、自我欣赏一下，做到"目中无人，心中有人"。演讲者可以"藐视"台下的人，甚至认定他们是"一无所知"的，如此一来，恐惧感就会消失了。

声音响亮，气势非凡

声音要大一些，做到"先声夺人"。说话的声音响了，自己的情绪也容易稳定下来。演讲过程中应把握整体，思路先行，毫不迟疑地讲下去。一旦演讲进入了良性循环的轨道，演讲的成功就不是问题。

提前处置，沉着应变

要做到临危不乱，就需要有高超的预见能力与应变能力。假如预感到要"卡壳"，可以放慢讲话的速度，边回忆边重新组织自己的思绪和语言。如果无可挽回地忘词了，就立即把提示卡或草稿拿出来，边看边讲，或是在陷入窘境以前，把主要内容讲完，尽快结束演讲，来个"见好就收"。

第十五章 交际艺术：聚集人气才是最重要的

作为一位领导，不仅要获得下属的支持，对于那些和自己处于同一级别的人来说，获取他们的支持和好感也是十分重要的，因为这些人是自己平级的同事，他们对自己的看法在很大程度上决定着自己的人缘，甚至以后的事业发展。所以，对于领导来说，聚集人气才是最重要的。

第十五章 交际艺术：聚集人气才是最重要的

说话要讲究一些

口语的作用已渗透到日常生活的各个领域，而人们对说话的要求也越来越高。追求更高层次的口语表达，追求说话的艺术性成了重中之重。

自古以来，人们就都十分重视说话的艺术。在春秋战国时期，诸子百家著书立说，宣传自己的主张，对人们的生活和社会的发展起了积极的推动作用。

有人说，现代社会的三大交流必备品是口才、金钱和电脑，其中口才最重要。因为思想的交流、信息的传递都离不开它。

人类的语言分为口语和书面语。这两种形式都十分重要，而口语则在日常生活中使用频率更高，覆盖面更广。

口语的作用已渗透到日常生活的各个领域，人们对说话的要求也越来越高。追求更高层次的口语表达，追求说话的艺术性成了重中之重。

在商业竞争中，妙语连珠可以占据主动；进行作战动员，几句呼喊就能凝聚军心，让士气大振；调解纠纷，一席恳谈，如绵绵细雨，足以化干戈为玉帛；做思想工作，恳切教诲，足以促使庸人立志，浪子回头。

开口就能说动人
——领导必知的沟通艺术

日常生活离不开口才，无论是待人接物，还是座谈、演讲、学术辩论，时时刻刻需要发挥语言的功能。人人都会讲话，但是把话说得体、说精确，却并非每个人都能做到。

总之，轻视交往中说话的重要作用，肯定会在交往中处处碰壁。

把话说到对方心坎里

在选择交谈的话题时，必须顾及谈话对象。只有让对方感兴趣的话题，说出来才能吸引对方，谈话才有可能继续下去。

我们也许都有这种感受，和家人、朋友在一起时，话题总是源源不断。但是一旦遇到了陌生人，就头脑一片空白，什么话也说不出来了。究其原因，最主要的一点是因为我们不了解陌生人，也不知道他们所关心的话题是什么。

在交际中，尤其是在和陌生人的交谈中，每一次的话题都应该精心选择，不要随心所欲、张口就来，否则还未开始交谈时，就已经危机四伏。

在选择交谈的话题时，必须顾及谈话对象。只有让对方感兴趣的话题，说出来才能吸引对方，谈话才有可能继续下去。比如自己是球迷，不要以为别人也是球迷，逢人就谈球赛，对于那些对球赛不感兴趣的人也说个没完，就会让对方觉得索然无味，失去交流的兴趣。

第十五章 交际艺术：聚集人气才是最重要的

有这样一个故事，许多青年男女都喜欢到公园去约会。黄昏时分，在一个公园里，两个擦鞋的孩子吆喝着招揽顾客。

其中一个喊道："请坐，让我为您擦擦皮鞋吧，保准又光又亮。"

另一个说的却是："约会前，请先擦一下皮鞋吧！"

结果，前一个擦鞋的孩子摊位前的顾客寥寥无几，而后一个擦鞋的孩子的喊声却带来了意想不到的效果，青年男女们纷纷让他擦鞋。

同样是擦鞋，同样是吆喝，两者的效果为何不同？

第一个擦鞋孩子说的话，确实是礼貌而热情，而且保质保量，但与情侣们此刻的心理无关。在黄昏时刻来公园散步，是来谈情说话，破费钱财去"买"个"又光又亮"，就显得没有多少必要。

但第二个擦鞋孩子的话就与情侣们的心理十分吻合。"月上柳梢头，人约黄昏后"，在充满温情的时刻，谁不愿意以干净、漂亮、整洁的形象出现在自己心爱的人面前呢？所以只是简单的一句"约会前，请先擦一下皮鞋吧"，就说到了青年男女的心里，自然来擦鞋的人就络绎不绝了。

迎合对方的兴趣，调动其说话积极性

任何人都对与自身相关的事物尤为关注，所以如果在谈话的时候能切合对象的权利和利益，说到他在意的东西，那么对方自然就会很有兴趣，

开口就能说动人
—— 领导必知的沟通艺术

愿意把对话进行下去。

每个人都有自己的兴趣,有特别关注的事物与话题,所以,在交谈时,不妨去迎合对方的兴趣。主动去调动他人说话的积极性,比漫无目的的闲谈更有用。

卡耐基的朋友查利夫是一位在童子军中极为活跃的人物,他曾给卡耐基写过一封信:

欧洲即将举行童子军露营活动,我觉得需要有人帮忙,我要请美国一家大公司的经理资助童子军的旅费。

在我去见这个人以前,刚好听说他曾开了一张一百万美元的支票。而这张支票退回之后,他把它置于镜框之中。所以我走进他办公室所做的第一件事就是谈论那张支票——那张一百万美元的支票!我告诉他,我从未听说有人开过这样一张支票,我要告诉我的童子军,我的确看见过一张百万美元的支票。他很欣喜地向我出示了那张支票。我表示很羡慕,并请他告诉我其中的缘由。

使我非常惊奇的是,我只请他资助一个童子军赴欧洲的旅费,但他竟资助了五个童子军,并让我们在欧洲住一个星期。他又给我写了一封介绍信,介绍给他分公司的经理,让他们帮忙。他还亲自到巴黎接我们,带领我们游览这个城市。自此之后,他又给那些家境贫苦的童子军提供了一些工作机会,而且现在他仍全力支持我们的工作。

我知道,如果我不曾找出他所感兴趣的事,使他先高兴起来,那么我想接近他将会非常不容易!

第十五章 交际艺术：聚集人气才是最重要的

其实，寻找话题并不困难，只要在自己的生活中多加观察，对看到或听到的事物都敏锐地加以注意，就很容易找到谈话内容。

而如果非要总结一下，大概有如下的几种话题，相对来说比较容易引起大众普遍的谈话兴趣：

与对话人的权利或利益密切相关的主题

任何人都对与自身相关的事物尤为关注，这是与生俱来的，所以如果在谈话的时候能贴近谈话对象的权利和利益，说到他在意的东西，那么对方自然就会很有兴趣，愿意把对话进行下去。

与对话人的兴趣爱好有联系的主题

如果知道对方喜欢什么，爱好什么，则可以从这些方面入手，寻找话题。既然是爱好，那么对方必然会乐于交谈，也有很多可以聊的东西。但是需要注意的是，必须事先准备一些谈资，因为如果对方是某一领域的爱好者或高手，而自己这边连具体信息和知识都没有具备，就去和人攀谈，只会让人觉得你什么都不懂，反而十分扫兴。

最近的奇人奇事、社会新闻等主题

社会上发生的新闻、奇事其实是最有效的，也是最容易引发共鸣的话题。这类话题不用事先准备专业知识，因为大家全都知道，所以只要说起来，就很有聊头。

只要把握了以上这些技巧和内容，诚挚地与别人交流，自然而然可以打开话匣子，找到交际的突破口。

开口就能说动人
——领导必知的沟通艺术

话语虽少却要暖人心

在交际之中，真诚而发自内心地表达自己对他人的关心，常常会令他人感动，受到他人的欢迎。

很多人觉得，只有在男女双方谈恋爱、互相追求的时候，嘴巴才像抹了蜜一样，说话很甜。其实不然，交际中多用温暖的语言也能收到奇效。

罗斯福是美国历史上极有声望的总统。他没成为总统之前，就很喜欢通过温暖的语言使自己同普通大众保持着良好的关系，并因此赢得了极高的声誉。

一天，罗斯福到白宫去拜访当时的总统夫妇，碰巧总统和他太太不在。于是罗斯福友善地向自己所遇到的白宫服务人员打招呼，他甚至能叫出每个人的名字来。

名叫亚奇巴特的服务人员后来回忆道："当他见到厨房的女仆亚丽丝时，就问她是否还在烘制玉米面包，亚丽丝说她有时会烘一些，但不是所有人都爱吃。"

"那是他们没有口福，"罗斯福有些不平地说，"等我见到总统的时候，我会告诉他你的面包有多好吃。"

第十五章 交际艺术：聚集人气才是最重要的

亚丽丝端出一块玉米面包给他，他一面朝办公室走，一面吃，同时在经过园丁和工人的身旁时，还跟他们打招呼。

此外，还有另外一个关于罗斯福平易近人，用温暖的语言打动人心的例子。

詹姆斯·亚默斯是罗斯福的下属之一，他曾经写了一本关于罗斯福的传记。在书中，亚默斯讲了这么一件虽然很小但是却很有启发性的事情：

有一次，我太太问总统先生关于鹌鹑的事。因为我太太从没有见过鹌鹑，所以十分好奇而感兴趣，总统先生不嫌麻烦地对她详细地描述了一番，关于鹌鹑长什么样子，有什么体态特征，还有生活习性，等等。

过了几天，我家里的电话铃突然响了，我太太拿起电话，居然是总统本人亲自打来的电话。他在那边笑着说，他之所以打电话过来，是要告诉她，当他刚才经过我们居住的屋子时，正好看到一只鹌鹑停在外面的树上，所以如果她能朝窗外瞧一眼的话，可能就会看到她从没见过的鹌鹑了——结果可想而知，我太太感动极了，觉得总统先生是这么细心和温柔。

而实际上，他经常会做出这样虽然很小却令我们所有人都感动的事情。

当然，罗斯福这么做绝不只是为了做做样子，而是真诚的、发自内心的。即使后来他成为美国总统，依然如此细心、平等地对待其他人，表达自己对他人的关心。实际上，这正是罗斯福总统受人欢迎的秘密之一。

开口就能说动人
——领导必知的沟通艺术

让交际从闲谈开始

深入的、社交性质的谈话，多半都是从闲谈开始的。

闲谈是与他人深入交往之前的"热身"，也是拉近与陌生人距离、结交新朋友的好方法。很多时候通过闲谈，可以让两个完全不熟悉的陌生人很快成为朋友，甚至变成知己。

从非洲回到美国后，富兰克林·罗斯福着手准备参加1912年的总统竞选。

由于他是已故美国总统西奥多·罗斯福的堂弟，又是一位有名的律师，所以他的知名度非常高。

在一次必须出席的交际宴会上，在场的人基本都认识他，但罗斯福却不认识他们。

尽管这些人都认识罗斯福，但都显得有些冷漠，没有和罗斯福交谈。罗斯福看不出他们对自己有什么好感，或是有什么评价。于是他想出了一个接近自己不认识的人，并能同他们搭话的好办法。

他对坐在自己旁边的路斯瓦特博士悄声说："路斯瓦特博士，请您把坐在我对面的那些客人的大致情况告诉我行吗？"路斯瓦特博士就把每个

第十五章 交际艺术：聚集人气才是最重要的

人的大致情况向罗斯福做了介绍。

掌握了基本情况后，罗斯福在闲谈中随口向那些不认识的来宾提出了一些简单的问题，从中了解到他们的性格、特点、爱好、职业等。此时，罗斯福已经想好了同他们闲谈的话题，并由此引发来宾们谈话的兴趣。没过多久，罗斯福就通过闲谈和他们成了朋友。

有很多的人都认为闲谈是在浪费时间，是一件没有意义的事情，但是必须明确的是，深入的、社交性质的谈话，多半都是从闲谈开始的。实际上，之所以有些人能说会道而且交际广泛，就是因为他们有第一流的闲谈功夫。

那么在社交活动中，如何开始闲谈呢？

聊聊天气

天气可算是人们最常提到的话题。天气很好，可以一起赞美；天气太热，就可以交换一下闷热的苦恼；而有关台风、暴雨、雪灾等消息，可以随时拿出来聊聊，因为这是人们普遍关心的话题。

谈谈家庭

诸如儿童教育、购物经验、夫妻相处之道、亲朋好友之间的交际应酬、家庭布置，这一系列关于家庭生活方面的知识都可以用来交谈。这也是属于大多数人感兴趣的话题。

轰动一时的社会新闻

轰动一时的社会新闻在特定的时期是最吸引人的闲谈资料。如果自己准备了一些能够吸引大众眼球的新闻，或是有很特殊的意见或看法，那么只要说出来就足以把听众吸引到自己周围。

开口就能说动人
——领导必知的沟通艺术

健康保健与医药知识

随着社会发展,健康问题已经被越来越多的人所关注。所以关于健康与病理这方面的话题,也是很多人都乐意说一说的。

有名的医生、常见疾病的护理知识、亲友治病养病的经验、美容保养的秘诀、减肥的妙招……诸如此类的话题也许只是一家之言,但也足以吸引他人注意力。如果谈话对象的朋友或其亲人恰好有一些健康问题时,如果能提供有价值的建议,对方就会有兴趣聆听,对你表示感激的同时愿意做进一步交流。

拿自己开涮

如果一个人可以把自己曾闹过的无伤大雅的笑话当作谈资说给别人听,比如买东西上当、语言上的误会、尴尬的小矛盾,等等,这一类笑话多数人都喜欢听。开自己的玩笑,除了能够博他人一笑之外,还会让别人觉得你为人随和,容易相处,从而更愿意主动交流。

用请教的态度和口吻提出问题

谦逊并不会阻碍你施展才能,它反而可以使你在说话时多加留心,让你的话易于被他人接受。

英国哲学家约翰·洛克说过:"年轻人不可中途插嘴,说的时候要用请教的态度，不能像教训别人似的。年轻人还应该避免固执的态度和傲慢的神情，要谦逊地提出问题。谦逊并不会阻碍你施展才能，它反而可以使你在说话时多加留心，让你的话易于被他人接受。"

从前有一个年轻人，在一个小村庄中遇见了一位老人，就问道："这里怎样？"老人不答反问："你的家乡怎样？"这个年轻人回答道："非常糟糕！我不喜欢！"老人家接着说："那你快离开吧，这里和你的家乡同样糟糕，你也不会喜欢！"

后来又有一个年轻人来到这个村子，也问了相同的问题，老人也同样反问他，年轻人回答："我的家乡特别好，我特别想念家乡的人、事以及花草鱼鸟……"老人说："这里也和你的家乡一样好。"

对于老人的做法，有人觉得十分奇怪，问老人对于相同的问题为何给出的答案却不一样。老人说："你寻找的是什么，你找到的就会是什么！"

由此可见，态度好坏决定个人的收获，态度好的人常常会收获更多。而态度傲慢的人，常常会吃闭门羹。因此，当你想和别人很好地交谈时，必须要以真诚的态度，而不是用教训的口吻来讲话。

每个人的所学与所知都是有限的。所以，有时候，"见什么人说什么话"的方式并不可取。更多的时候收起傲气，用很好的态度去请教别人，反而更重要。

我国伟大的思想家和教育家孔子曾说："三人行，必有我师焉。择其善者而从之，其不善者而改之。"领导在与下属说话的时候，如果抱着谦虚的心态，下属感到自己受到尊重，可能知无不言，言无不尽，提供给领

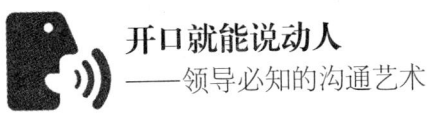

导原本不曾知道的信息。这样对工作的顺利开展是很有帮助的。

说话要简洁明快

任何时候说话做事都要简洁明快。

有一些人说话大大咧咧,漫不经心,一讲起来就没完没了,啰唆一大堆,还完全没有逻辑,想到哪里说到哪里。社交场合里一旦出现了这样的人,大家都会伤透脑筋。因为他们既不知道自己在说什么,也不知道自己为什么要说,更不知道应该在什么场合说,毫无节制可言。

说话啰唆是交际中的一大弱点。它会让人感到厌烦,又不好打断。

曾有人提出幽默的设想,建议说起话来就没完的人在每次说话时,都假设自己在打国际长途,必须为每一分钟付费。其实这种想象很合理,因为说话啰唆就是在浪费自己与别人的时间。

两个多年未见面的老朋友相聚了,对于这一天他们都盼望了很久。其中一个人还带了他热情开朗的新婚妻子一起来。

妻子从一开始就独占了整个谈话,滔滔不绝地讲起了那些自己觉得很好笑、很有趣的事情。出于礼貌,两个男人沉默地听着,偶尔尴尬地彼此对视一眼。而直到他们分手的时候,那个人的妻子还站在门口的台阶上挥

第十五章 交际艺术：聚集人气才是最重要的

舞着手绢，兴高采烈地说着："再见！"并且还说她度过了一个很有意义的夜晚，认识了丈夫的朋友，进行了一次愉快的谈话。

而此刻，两个男人仍旧对彼此分别多年后的情况一无所知，心里都在埋怨着这个多话的女人。

那么如何才能做到不啰唆呢？最有效的方法就是提醒自己，无论何时何地说话做事都要简洁明快。

秉持一颗至诚的心

当我们与人交谈时，必须秉持着一颗至诚的心，将自己最好的一面通过说话表达出来，如此才能建立良好的人际关系，使自己融入群体之中。

由于说话的态度不同，语言既可以成为建立和谐人际关系的强有力的工具，也可以成为刺伤别人的利刃。在说服对方时，用真诚的态度，会让人喜欢，易于被人接纳。入情入理的话，一方面显示说服者坦诚的态度；另一方面又表示尊重对方并为对方着想。这样无论说了什么，都是在人的情感上都进行了沟通，达成了共识，促使合作成功。

日本松下电器公司还是一家乡下小工厂时，作为公司领导，松下幸之

开口就能说动人
——领导必知的沟通艺术

助总是亲自出马推销产品。在碰到砍价高手时,他就说:"我的工厂是家小厂。炎炎夏日,工人在炽热的铁板上加工制作产品。大家汗流浃背,还努力工作,好不容易制出了产品,依照正常利润的计算方法,应当是每件××元承购。"

对手一直盯着他的脸,听他叙述。听完之后,展颜一笑说:"哎呀,我可服你了,卖方在讨价还价的时候,总会说出种种不同的话,但是你说得很不一样,句句都在情理之中。好吧,我就照你说的价钱买下来好了。"

松下幸之助的成功,首先在于他真诚的说话态度。他强调自己是依照正常的利润计算方法确定价格的,自己并无贪图钱财的想法,同时也暗示对方没有讨价还价的余地。这就使对方调整角度,与其达成共识。

当我们与人交谈时,必须秉持着一颗至诚的心,不要流于巧言令色、油嘴滑舌,要根据时间、场合和对象的不同,而将自己最好的一面通过说话表达出来,如此才能建立良好的人际关系,使自己融入群体之中。

费城的奈佛先生,多年来一直想把燃料卖给一家大连锁店,但是这家连锁店一直从外地购买燃料,运货的车正好从奈佛先生办公室的门口经过。奈佛先生晚上就在卡耐基的课堂上演讲,并且大骂这家连锁店。

卡耐基建议他改变战略。首先,他们准备在课堂上举行一次辩论会,主题就是连锁店的广布,对国家害多益少。于是卡耐基建议奈佛先生加入反方,他同意了。由于要为连锁店辩护,奈佛便前去拜访一位他原本瞧不起的连锁店经理,告诉他"我不是来推销燃料的,我是来找你们帮个忙。"他把来意说清后,并特别强调:"我来找你,是因为我想不出还有其他人

第十五章 交际艺术：聚集人气才是最重要的

能够提供给我事实。我很希望能赢得这场辩论，无论你提供什么给我，我都十分感激。"

奈佛原先只要求这位经理拨出一点儿时间，所以对方才同意见他。当奈佛把事实说出之后，经理指着一张椅子要奈佛坐下，并且整整用了一个多钟头的时间详谈。经理请来另一位主管，这位主管写过一本有关连锁店的专著。他觉得连锁店提供了最真实的服务，他也以自己能够为许多社区服务为荣。当他侃侃而谈的时候，两眼发亮，奈佛也不得不承认对方的确让他明白了许多意想不到的事，改变了他的心态。

罗马诗人帕利里亚斯·赛洛斯说过："当别人真诚地对待我们的时候，我们也要真诚地对待他们。"真正站在对方的立场上，为对方着想，并全面分析双方的利弊得失，说话真诚，语气亲切随和，不卑不亢，入情入理，这是成功打动对方的诀窍所在。

使谈话留有余味

如果初次会面和交谈可以让对方感觉意犹未尽，则自然就会有第二次见面，这是人际交往的最高境界。

要想让对方与你交谈，最重要的在于制造余味无穷的谈话。

开口就能说动人
——领导必知的沟通艺术

话题应视对方的情形而定，不符合对方需要的话题，再好也无法吸引对方注意力。而找到双方都感兴趣的话题才能聊得投机。

1986年10月15日，邓小平在北京会见了英国女王伊丽莎白二世和她的丈夫菲利普亲王。

在会见中，邓小平谈笑风生，态度亲切友好。他说："北京这几天的天气很好，这也是对你们的到来表示欢迎。当然，北京的天气比较干燥，要是能借一点儿伦敦的雾，就更好了。我小时候就听说伦敦有雾，在巴黎时，听说登上巴黎铁塔，就可以望见伦敦的雾。我曾登上过两次，可是很不巧，天气都不好，没有看到伦敦的雾。"

菲利普亲王说："伦敦的雾是英国工业革命时期的产物，现在伦敦没有雾了。"

邓小平风趣地说："那么，借你们的雾就更困难了。"

菲利普亲王说："可以借点儿雨给你们，雨比雾好。你们可以借点儿阳光给我们。"

在这段对话中，双方都在谈天气，说到雾、雨和阳光。其实就在这几句的寒暄中，双方已开始联络感情，并且为进一步会谈打下了良好的基础。

菲利普亲王所说的"伦敦的雾是英国工业革命时期的产物，现在伦敦没有雾了"，言谈间流露出的是对英国工业历史悠久和对采取环境治理产生的成效显著的自豪，而借雾、借雨、借阳光之类的言辞，也委婉而巧妙地传达着双方有互助互利、友好合作的诚意。这样的聊天，谁能说不值得

第十五章 交际艺术：聚集人气才是最重要的

回味呢？

想要使谈话留有余味，必须使用优美的言辞。无论是谁，只要说出的话可以让人回味无穷，个人的魅力就会得以展现，陌生人也会在不知不觉间被吸引，从而把陌生人变为朋友。

避免出现令人尴尬的局面

在交际中能够成功避免尴尬局面无疑是领导能力的一部分，因此，懂得并力争避免尴尬局面的出现，是每一个领导者都应该掌握的能力。

在生活和工作中，产生尴尬的原因众多，有些事无法预见，或难以避免，但有些尴尬却能事先防范。

在参与交际活动时，特别是一些求助性的交际活动，自己可能满怀希望，热切需要别人帮助，却当场被别人拒绝，这样的场合是十分尴尬的，令人失落而气愤。要想避免这样的尴尬场面，可以仔细思考以下两个方面的问题：

首先，看看提出的要求是否超出了对方的承受能力。脱离实际的高标准要求，对方是无力满足的，自然会拒绝。这样的要求最好就在一开始就不要提出，否则必然是自寻烦恼。

其次，看对方的人品以及自己与他的熟悉程度。对方如果不是乐善好

开口就能说动人
——领导必知的沟通艺术

施之人,即使提出的要求不高,对方也未必会答应。此外,如果自己和他人关系一般,并没有多少交情,这样的前提下贸然提出很高的要求,就很可能碰壁。

最后,要看自己提出的这些要求和寻求的帮助是不是合理合法的。每个人都应该具有法律意识,如果妄图规避、违反法律,提出一些违反政策和法律法规的要求来,对方只要有一定的法律常识,肯定会给予拒绝,而且自己提出违法的要求本身就是很危险的,也是很不应该的。因此如果有了这样的念头,最好是自我约束,打消这种想法,对别人更应该免开尊口。